La Palabra de Dios para el mundo de hoy

John Stott

LA PALABRA DE DIOS PARA EL MUNDO DE HOY

SERIE RECURSOS LANGHAM PREDICACIÓN

EDICIONES puma

La Palabra de Dios para el mundo de hoy
John Stott

Título original en inglés: God's Word For Today's World
Langham Preaching Resources, Carlisle, Cumbria, United Kingdom
© 2015 by John Stott

© 2021 Centro de Investigaciones y Publicaciones (CENIP) – Ediciones Puma
Primera edición impresa: agosto 2021
Hecho el Depósito Legal en la Biblioteca Nacional del Perú N° 2021-02391

Categoría: Religión - Teología cristiana - General
ISBN N° 978-612-4252-98-3 | Edición impresa
ISBN N° 978-612-5026-00-2 | Edición digital

Editado por:
© 2021 Centro de Investigaciones y Publicaciones (CENIP) – Ediciones Puma
Av. 28 de Julio 314, Int. G, Jesús María, Lima
Apartado postal: 11-168, Lima - Perú
Telf.: (511) 423–2772
E-mail: administracion@edicionespuma.org
ventas@edicionespuma.org
Web: www.edicionespuma.org
Ediciones Puma es un programa del Centro de Investigaciones y Publicaciones
(CENIP)

Traducción: Xandra Muriel Vilchez Flórez y Alejandro Pimentel
Edición: Alejandro Pimentel
Diseño de carátula: Eliezer D. Castillo P.
Diagramación: Hansel J. Huaynate Ventocilla

ISBN N° 978-612-4252-98-3

Contenido

Presentación

En esta edición, dedicada al centenario del nacimiento de John Stott (1921–2011), el equipo de liderazgo latinoamericano de Langham Predicación ha elaborado dos herramientas para el estudio de este libro.

En primer lugar, hemos incluido en el propio texto tres tipos de preguntas para que el lector pueda reflexionar y meditar en lo que está leyendo. Son preguntas que guardan relación con la cabeza, el corazón y las manos. No hemos querido que las preguntas vayan al final del capítulo, sino que formen parte del texto mismo, con el propósito de promover una lectura activa y participativa. Por otro lado, hemos buscado que las preguntas no apunten sólo al conocimiento o la información (la cabeza) sino que también toquen los sentimientos, el ser (el corazón), y que nos lleven a una aplicación práctica (las manos). La otra característica de esta sección es que hemos incluido una posible respuesta a cada pregunta. El objetivo es ilustrar y dar algunos ejemplos, pero de ninguna manera sustituyen a la reflexión personal. Toda esta sección de preguntas ha sido pensada para todo tipo de lectores.

La sección Apuntes del predicador, que aparece al final de cada capítulo, ha sido diseñada para aquellos predicadores que quieren superarse en esta área, especialmente para los integrantes de las «Escuelitas de predicación» y grupos pequeños de seguimiento de Langham en el continente. El propósito es que cada uno siga esta guía de estudio y responda a todas las preguntas individualmente para luego participar en una reunión de estudio con su «Escuelita» o «círculo de expositores» en la que, bajo la conducción del coordinador, se profundice en el estudio.

Rogamos a Dios para que el uso de estas dos herramientas enriquezca la lectura de este edificante libro.

Equipo latinoamericano de liderazgo de *Langham Predicación*

Prólogo
a la edición en español

Felicito de todo corazón a Ediciones Puma por el acierto en la publicación de este nuevo libro de John Stott. Cuando recuerdo a este maestro, colega y amigo viene a mi memoria un viaje por tierra que hice entre Quito, Ecuador e Ipiales en Colombia, allá por 1959. Alguien me había regalado la primera edición de su famoso libro *Cristianismo Básico* que me cautivó. La carretera no estaba asfaltada y el ómnibus iba a gran velocidad dando saltos sobre un camino empedrado. Pero la lectura era tan atractiva que no paré de leer pese al increíble movimiento. Desde entonces he leído y usado con deleite muchos libros de Stott en diferentes lenguas y en las situaciones más variadas.

En este nuevo libro se puede apreciar las cualidades del estilo de Stott que lo han hecho un maestro admirado en los más diversos países: fidelidad a la Biblia y respeto por la autoridad de la Palabra de Dios, capacidad pedagógica en la que se conjuga el trabajo interpretativo serio con el texto bíblico, por una parte, y por otra el propósito de comunicar con claridad los tesoros de la Palabra que se van descubriendo de manera pertinente al contexto en el ámbito en que toca exponer. Sus viajes lo llevaron a percibir que en el ámbito evangélico en todas partes hacía falta invertir más tiempo y recursos en la formación y actualización de predicadores. El éxito de ventas de sus libros significaba una fuente de entrada de recursos financieros por sus derechos de autor. Fue con ellos que Stott creó la Fundación Langham para ayudar en forma creativa y eficaz a las nuevas generaciones de predicadores.

Por la gracia del Señor hay ahora más de una generación de expositores bíblicos latinoamericanos que han aprendido de Stott, en el ámbito de la Fundación Langham, el arte de ser maestros de la Palabra. Personas como el ecuatoriano Jorge Atiencia, los colombianos Elizabeth Sendek y Milton Acosta, la argentina Ruth Padilla de Borst, los peruanos Pedro Arana y Alex Chiang, el boliviano Marcelo Vargas, y el brasileño Ziel Machado, para mencionar a unos pocos.

En 1985, cuando tuvimos en Quito, Ecuador el Curso Continental de la Comunidad Internacional de Estudiantes Evangélicos fue un deleite especial tener a Stott como expositor bíblico y yo en especial valoro mucho su palabra y consejo en ese momento en que yo partía para enseñar misionología en el Seminario Palmer de Filadelfia, Estados Unidos, y mi sucesor el brasileño Dieter Brepohl asumía el cargo de secretario general de la Comunidad en América Latina. Fue una bendición especial contar con el privilegio de conversaciones extensas y la oración envidadora del maestro Stott.

El *Comentario Bíblico Contemporáneo* una obra de 1696 páginas íntegramente escrita en América Latina, editada por René Padilla y publicada en 2019 por el consorcio de Certeza Unida (Publicaciones Andamio, Ediciones Puma y Certeza Argentina) con Ediciones Kairós, es la evidencia de que la tarea pionera entusiasta y constante de Stott ha dado su fruto y lo seguirá dando en América Latina. El libro que el lector tiene ahora entre manos ha sido y seguirá siendo un valioso instrumento de formación para ello.

Samuel Escobar
Valencia, España, enero de 2021

Prólogo
a la edición en inglés

John Stott fue conocido por su extraordinaria capacidad para explicar la Biblia con claridad y pertinencia. Miles alrededor del mundo han manifestado su gratitud por la manera en que Stott les presentó el poder dinámico de la Biblia. Además de ello, sus libros y sus sermones se hicieron famosos por la capacidad de establecer puentes entre la Escritura y el mundo contemporáneo; a Stott le preocupaba prestar mucha atención a ambos mundos, con el fin de asegurase que pudiera tender dichos puentes.

Este breve libro, que originalmente fuera publicado bajo el título *The Bible: Book for Today*, refleja la preocupación que Stott tenía por lograr que las Escrituras fueran tomadas en serio por cada generación y cultura. El contenido apareció originalmente bajo la forma de cinco sermones en la iglesia All Souls, en Londres, durante los mese de febrero y marzo de 1980; por ello, el objetivo de cada capítulo es explicar algún texto bíblico.

El contenido ha sido revisado y actualizado por Catherine Nicholson, pero la esencia del texto original permanece igual que cuando fuera originalmente publicado hace más de treinta años. Stott aborda temas que son igualmente importantes el día de hoy como lo fueron ayer. Recordemos lo que escribió en el prólogo original: «Este libro trata de la actitud histórica del cristianismo en relación con la Escritura, y acerca de la propia

Biblia respecto a sí misma, lo cual debe ser repetido a cada generación y que sigue siendo la perspectiva más básica para enfrentar a otros asuntos urgentes». Langham Predicación se siente privilegiada por ofrecer este libro al alcance de una nueva generación de lectores por todo el mundo.

Catherine Nicholson y *Jonathan Lamb*
abril de 2014

Introducción

Antes de empezar, permítanme mencionar algunos puntos.

En primer lugar, la Biblia sigue siendo un *best-seller* mundial. ¿Por qué? La Biblia completa ha sido traducida a más de quinientos idiomas, y el Nuevo Testamento se encuentra disponible en casi mil trescientos idiomas. Algunas estimaciones sugieren que se han impreso más de cinco mil millones de copias de la Biblia. ¿Por qué hoy en día este libro tan antiguo sigue siendo el libro más exitoso?

En segundo lugar, y paradójicamente, este libro tan *comprado* sufre de mucho *abandono*. Es probable que decenas de miles de personas que compran una Biblia nunca la logren leer. Aún en las iglesias, el conocimiento de la Biblia es muy escaso. Hace sesenta años, Cyril Garbett, en aquel entonces arzobispo de York, escribió que «la mayoría de los hombres y las mujeres (en Inglaterra) no oran, a menos que haya alguna aterradora emergencia; no leen sus Biblias, salvo que quieran encontrar alguna palabra para su crucigrama; ni asisten a la iglesia en todo el año, a menos que haya algún bautismo, matrimonio o funeral». Y, si esta declaración fue cierta hace sesenta años, es mucho más cierta el día de hoy.

- Pocos padres les leen la Biblia a sus hijos, y mucho menos les enseñan sobre ella;
- Pocos miembros de la iglesia tienen el hábito de meditar diariamente en la Biblia;

- Pocos predicadores estudian concienzudamente el texto bíblico para captar su significado original y su aplicación para el mundo de hoy;
- Algunos líderes son tan descarados que expresan públicamente su desacuerdo con las enseñanzas doctrinales o morales de la Biblia.

Se trata de una situación trágica. ¿Qué se puede hacer para remediarla?

En tercer lugar, estoy convencido de que Biblia es un libro, de hecho, el *libro por excelencia* para la actualidad. La Biblia es la Palabra de Dios para el mundo de hoy. Hace no mucho tiempo todas las iglesias evangélicas reconocían la singular inspiración de la Biblia y su consecuente autoridad. Sin duda alguna, la sumisión a la autoridad de las Escrituras (o, como pienso que deberíamos expresarlo mejor, la sumisión a la autoridad de Dios tal y como se nos revela mediante las Escrituras), siempre ha sido, y continúa siendo, un sello importante de los cristianos evangélicos. Creemos en sus enseñanzas, nos aferramos a sus promesas y deseamos obedecer sus mandamientos. ¿Por qué? Principalmente, porque creemos que la Biblia es la Palabra de Dios, pero también porque él nos habla de manera clara por medio de ella. La Biblia fue el libro para el ayer. Y definitivamente será el libro para el mañana. Pero para nosotros la Biblia es el libro para el presente.

Así que, la constante popularidad de la Biblia, su lamentable abandono y su pertinencia actual son tres buenas razones por las que debemos reflexionar en *La Palabra de Dios para el mundo de hoy*.

Capítulo 1

Dios y la Biblia

Este primer tema nos presenta el asunto de la revelación. Para ello, vayamos a Isaías 55.8-11.

Dios dice:

> Porque mis pensamientos no son los de ustedes,
> ni sus caminos son los míos —afirma el
> Señor—.
> Mis caminos y mis pensamientos
> son más altos que los de ustedes;
> ¡más altos que los cielos sobre la tierra!
> Así como la lluvia y la nieve
> descienden del cielo,
> y no vuelven allá sin regar antes la tierra
> y hacerla fecundar y germinar
> para que dé semilla al que siembra
> y pan al que come,
> así también la palabra que sale de mi boca:
> No volverá a mí vacía,
> sino que hará lo que yo deseo
> y cumplirá con mis propósitos.

De este maravilloso texto podemos extraer al menos tres lecciones importantes.

El carácter razonable de la revelación: ¿Por qué Dios tiene que hablar?

Se les hace difícil a algunos comprender el concepto de la revelación. La idea de que Dios debe darse a conocer a la humanidad parece imposible. Se preguntan: «¿Por qué debería hacerlo? ¿Y cómo lo haría?». Pero, obviamente necesitamos que Dios se revele a sí mismo. No podremos entender a Dios a menos de que él se dé a conocer. En toda época, la gran mayoría de gente ha sentido confusión en torno a los misterios de la vida y la experiencia humana. Así que, la gran mayoría ha reconocido la necesidad de recurrir a una sabiduría superior si es que quieren alguna vez llegar a comprender el significado de su propia existencia humana, y aún más, el significado de Dios, si es que realmente existe. Permítanme mencionar a Platón, filósofo de la Grecia clásica. Nos dice en su obra Fedón, que tenemos que navegar por mares de oscuridad y duda en la pequeña «balsa» de nuestro entendimiento, y añade, «arriesgarse a realizar la travesía de la vida, si es que no se puede hacer con mayor seguridad y menos peligro en navío más firme, como, por ejemplo, una revelación de la divinidad».

Sin la revelación, la instrucción ni la guía divina, las personas nos sentimos como un barco sin timón a la deriva en altamar; como una hoja que el viento la arrastra por doquier; como un ciego que anda a tientas en la oscuridad. ¿Cómo podemos encontrar nuestro rumbo? Y más importante aún, ¿cómo podemos encontrar el camino de Dios sin su guía? En los versículos 8 y 9 se nos dice que es humanamente imposible conocer a Dios por nuestra propia inteligencia: «Mis pensamientos no son los de ustedes, ni sus caminos son los míos —afirma el

Señor—. Mis caminos y mis pensamientos son más altos que los de ustedes; ¡más altos que los cielos sobre la tierra!» En otras palabras, hay una gran brecha entre la mente de Dios y las mentes humanas. Por un lado, el pasaje muestra un contraste entre los caminos y pensamientos de Dios y, por otro lado, los caminos y pensamientos de los hombres. Es decir, que hay un gran abismo de separación entre lo que pensamos y lo que hacemos y entre lo que Dios piensa y hace. Los pensamientos y caminos de Dios son mucho más altos que los pensamientos y caminos del ser humano, así como los cielos son más altos que la tierra: ello quiere decir que son infinitamente distantes.

Pregunta para la cabeza:

¿Por qué es imposible conocer a Dios por nuestra propia inteligencia? Completa los espacios en blanco y encontrarás la respuesta del autor.

Respuesta:

Porque «hay una gran brecha entre la mente de ________ y las mentes ______________________».

Consideren los pensamientos de Dios. ¿Cómo podemos conocer sus pensamientos o leer su mente? Ni siquiera podemos leer los pensamientos de otras personas. Pero lo intentamos. Vemos el rostro de otras personas para ver si están sonriendo o frunciendo el ceño. Miramos los ojos de otros para ver si están parpadeando, si están serios o si brillan. Pero realmente no nos dicen mucho. Si me quedara aquí en el púlpito en silencio y mantuviese mi cara seria, ustedes no sabrían en lo absoluto qué es lo que estoy pensando; inténtenlo. Permítanme dejar de hablar por un momento. Listo, ¿qué es lo que estaba pensando? ¿Tienen alguna idea? ¿No? Bueno, se los diré. Estaba escalando el campanario de All Souls Church, tratando de llegar a la cima. Pero ustedes no lo sabían. No tenían ni la menor idea de lo que había estado pensando. ¡Y es obvio! Ustedes no pueden leer mi mente. Si nos quedamos en silencio, es imposible saber lo que hay en la mente del otro.

¿Cuánto más imposible es conocer los pensamientos del Dios todopoderoso? Su mente es infinita. Sus pensamientos son mucho más altos que los nuestros, así como los cielos son más altos que la tierra. Es absurdo pensar que alguna vez podamos conocer a plenitud la mente de Dios. No hay escalera que podamos subir para llegar a su mente infinita. No hay puente que podamos usar para cruzar ese abismo infinito. No hay manera de alcanzar o comprender los pensamientos de Dios.

> A menos que Dios se nos dé a conocer, jamás podremos conocerlo.

Entonces, lo razonable sería decir que, a menos que Dios tome la iniciativa de revelarnos lo que está en su mente, jamás seremos capaces de averiguarlo. A menos que Dios se nos dé a conocer, jamás podremos conocerlo, y todos los altares del mundo, como el que Pablo vio en Atenas, llevarán la trágica inscripción: «A UN DIOS DESCONOCIDO» (Hch 17.23).

Esta es la postura adecuada para comenzar nuestro estudio. Es una postura humilde ante el Dios infinito. Es también una postura sabia cuando percibimos el carácter razonable de la idea de la revelación.

El camino de la revelación: ¿Cómo ha hablado Dios?

Luego de darnos cuenta de que necesitamos que Dios se dé a conocer a sí mismo, ¿cómo lo ha hecho? En principio, de la misma manera en la que nosotros nos damos a conocer a los demás, es decir, por medio de *obras* y *palabras*, por las cosas que hacemos y decimos.

a) Por medio de obras

El arte creativo siempre ha sido uno de los principales medios de expresión humana. Sabemos que hay algo dentro nuestro que tiene que manifestarse, y luchamos por que sea así. Algunas personas crean música o escriben poemas; otras utilizan las artes visuales, como el dibujo, la pintura, la fotografía, la alfarería, la escultura, el tallado, la arquitectura, la danza o el teatro. Es interesante que, de todos estos medios artísticos, la alfarería sea el arte más usado por Dios en las Escrituras, quizá porque el alfarero era una figura muy conocida en las ciudades de Palestina. En la Biblia se nos dice que Dios ha «formado» o «moldeado» la tierra, y la humanidad para que habite en ella (p. ej. Gn 2.7; Sal 8.3; Jer 32.17).

Además, se nos dice que sus obras manifiestan quién es él. «Los cielos cuentan la gloria de Dios y toda la tierra está llena de su gloria» (Sal 19.1; Is 6.3) O, como Pablo escribe al inicio de Romanos, «lo que se puede conocer acerca de Dios es evidente para ellos (los gentiles), pues él mismo se lo ha revelado. Porque desde la creación del mundo las cualidades invisibles de Dios, es decir, su eterno poder y su naturaleza divina, se perciben claramente a través de lo que él creó, de modo que nadie tiene excusa» (Ro 1.19-29). En otras palabras, de la misma manera en la que los artistas humanos se dan a conocer en sus pinturas, esculturas o música, el artista divino se ha dado a conocer en la belleza, el equilibrio, la complejidad y el orden de su creación, de la cual podemos aprender algo sobre su sabiduría, poder y fidelidad. A esto se le suele llamar revelación «natural», porque sucede en la «naturaleza» y por medio de ella.

> «Los cielos cuentan la gloria de Dios y toda la tierra está llena de su gloria».

b) Por medio de palabras

Sin embargo, Isaías 55 no se refiere a las obras, sino a la segunda y más directa manera en la que nosotros, y Dios, nos damos a conocer, es decir, por medio de *palabras*. El habla es el medio de comunicación más completo y flexible entre dos personas. Mencioné previamente que, si me quedaba callado y quieto en el púlpito, ustedes no podrían descubrir lo que habría en mi mente, pero ahora la situación es distinta. Ustedes saben lo que hay en mi mente, porque ya no estoy callado, sino que estoy hablando. Estoy poniendo en palabras mis pensamientos. Las palabras de mi boca manifiestan los pensamientos que hay en mi mente.

Por tanto, el habla es el mejor medio de comunicación, y es el principal modelo que se usa en la Biblia para ilustrar la manera en que Dios se revela a sí mismo. Regresemos, pues, al pasaje principal y leamos los versículos 10 y 11: «Así como la lluvia y la nieve descienden del cielo, y no vuelven allá sin regar antes la tierra y hacerla fecundar y germinar para que dé semilla al que siembra y pan al que come, así también es la palabra…». Observen la segunda referencia al cielo y la tierra: esto es porque los cielos son más altos que la tierra y la lluvia desciende del cielo para regar la tierra. Observen también que el escritor va directo desde los pensamientos de la mente de Dios a las palabras de la boca de Dios: «Así también es la palabra que sale de mi boca: No volverá a mí vacía, sino que hará lo que yo deseo y cumplirá con mis propósitos». El paralelismo es claro. Así como los cielos son más altos que la tierra, pero la lluvia desciende del cielo para regarla, los pensamientos de Dios son más altos que nuestros pensamientos, pero estos descienden del cielo, porque es palabra que sale de la boca de Dios y que nos da a conocer sus pensamientos. Tal como el profeta dijo unos capítulos atrás: «El Señor mismo lo ha dicho» (Is 40.5). Se refería a una de sus profecías, pero la describió como un mensaje que venía de la boca de Dios. O como Pablo escribió en 2 Timoteo: «toda la Escritura es inspirada por Dios». Es decir, la Escritura es la Palabra de Dios que viene de la boca de Dios.

Luego de haber dicho esto, me es importante agregar un par de puntos con el fin de aclarar la comprensión de cómo Dios habló su Palabra.

Primero, la *Palabra de Dios* (cuyo registro se encuentra ahora en las Escrituras) *estaba estrechamente relacionada con la obra de Dios*. Dicho de otra manera, Dios habló a su pueblo por medio de palabras y hechos. Se dio a conocer al pueblo de Israel a lo largo de su historia, y dirigió su desarrollo para entregarles su salvación, así como su juicio. Por ello, Dios rescató a su pueblo de la esclavitud en Egipto:

> [...] la Escritura es la Palabra de Dios que viene de la boca de Dios.

- los llevó a salvo a través del desierto, y los ubicó en la tierra prometida;
- preservó su identidad nacional durante el periodo de los jueces;
- les dio reyes para que los gobiernen, a pesar de que su demanda de un rey humano era, en parte, un rechazo a su propia soberanía;
- los juzgó por su persistente desobediencia cuando fueron deportados al exilio babilónico;
- los restauró a su propia tierra y les permitió reconstruir su nación y su templo.

Pero, por encima de todo, para nosotros los pecadores y para nuestra salvación, Dios envió a su Hijo eterno, Jesucristo, a nacer, vivir y trabajar, sufrir y morir, resucitar y derramar su Espíritu Santo. Dios se estaba manifestando a sí mismo de una manera personal por medio de estos hechos, primero en la historia del Antiguo Testamento, pero de manera especial, en Jesucristo.

Por este motivo, se ha puesto de moda que algunos teólogos distingan claramente entre la revelación «personal» (que se evidencia a través de las obras de Dios) y la revelación «proposicional» (que se evidencia a través de sus palabras), y que luego rechacen las palabras de Dios y se centren en sus obras. Esta polarización no es necesaria. No necesitamos elegir entre uno de estos dos tipos de revelación ya que Dios usó ambos. Además, estos estaban estrechamente relacionados, pues las palabras de Dios interpretaban sus obras. Dios eligió profetas para explicar lo que estaba haciendo con el pueblo de Israel, y eligió apóstoles para explicar lo que estaba haciendo por medio de Cristo. De hecho, el clímax de la revelación de Dios fue la persona de Jesús, quien fue la Palabra de Dios hecha carne. Jesús mostró la gloria de Dios. Haberlo visto a él era haber visto al Padre (ver Jn 1.14, 18, 14.9). Sin embargo, esta revelación histórica y personal no nos podría beneficiar a menos que, junto a ella, Dios nos hubiera mostrado el significado de la persona y la obra de su Hijo.

Por lo tanto, debemos evitar caer en la trampa de creer que la revelación «personal» y la revelación «proposicional» son alternativas opuestas. Es más acertado decir que Dios se ha revelado en Cristo y en el testimonio bíblico de Cristo. Ninguna de estas revelaciones está completa sin la otra.

Segundo, *la Palabra de Dios ha llegado a nosotros por medio de palabras humanas*. Cuando Dios habló, no lo hizo a viva voz desde un despejado cielo azul para que la gente lo pudiera escuchar. No, más bien habló por medio de profetas (en el Antiguo Testamento) y por medio de apóstoles (en el Nuevo Testamento). Estos y aquellos eran personas reales. La inspiración divina no fue un proceso mecánico en el que se convirtió a los autores humanos de la Biblia en máquinas. La inspiración divina fue un proceso personal en el que los autores humanos de la Biblia poseían, por lo general, el pleno uso de sus facultades. Solo tenemos que leer la Biblia para comprobarlo. Los escritores de narrativa (hay una gran cantidad del género narrativo histórico en la Biblia, tanto en el Antiguo como en el Nuevo Testamento) utilizaron registros históricos. Algunos de ellos se citan en el Antiguo Testamento. Lucas nos habla al inicio de su evangelio de su minuciosa investigación histórica. Luego, todos los autores bíblicos desarrollaron su propio estilo literario y su énfasis teológico. Así que, la Escritura posee una abundante diversidad. Sin embargo, es Dios mismo quien habla por medio de los distintos enfoques de la Biblia.

Esta verdad respecto a la doble autoría de la Biblia (es decir, que es Palabra de Dios *y* palabras de hombres, o más preciso, Palabra de Dios *por medio de* palabras de hombres) es el relato de la Biblia respecto a sí misma. Por ejemplo, a la ley del Antiguo Testamento a veces se le dice «la ley de Moisés» y otras veces «la ley de Dios» o «la ley del Señor». En Hebreos 1.1 leemos que Dios habló a los padres por medio de los profetas. Sin embargo, en 2 Pedro 1.21, leemos que los hombres hablaron de parte de Dios impulsados por el Espíritu Santo. Así que, Dios habló y los hombres hablaron. Estos hablaron *de parte de* Dios y él habló *por medio de* ellos. Ambas declaraciones son correctas.

Debemos mantenerlas unidas. Tanto en el Verbo encarnado (Jesucristo), como en la Palabra escrita (la Biblia), los elementos divinos y humanos se unen y no se contradicen. Esta analogía, que se desarrolló bastante temprano en la historia de la iglesia, recibe críticas en la actualidad. Y obviamente no es exacta, ya que Jesús fue una persona, mientras que la Biblia es un libro. No obstante, la analogía sigue siendo útil, siempre y cuando recordemos sus limitaciones. Por ejemplo, nunca debemos afirmar la deidad de Jesús de manera que se niegue su humanidad, ni afirmar su humanidad de manera que se niegue su deidad. Lo mismo sucede con la Biblia. Por un lado, la Biblia es la Palabra de Dios. Dios habló y decidió él mismo lo que quería decir, pero no de tal manera que distorsionara la personalidad de los autores humanos. Por otro lado, la Biblia es palabra de hombres. Los hombres hablaron usando libremente sus facultades, pero no de tal manera que distorsionaran la verdad del mensaje divino.

La doble autoría de la Biblia afectará nuestra manera de leerla. Dado que es palabra de hombres, la estudiaremos como estudiamos cualquier otro libro: usando nuestras mentes, investigando sus palabras y significados, sus orígenes históricos y su composición literaria. Pero dado que también es la Palabra de Dios, la estudiaremos como ningún otro libro, de rodillas, humildemente, clamando a Dios por la iluminación y la guía del Espíritu Santo, sin el cual jamás podremos entender su Palabra.

Pregunta para el corazón:

El autor declara que debemos estudiar la Biblia como «ningún otro libro, de rodillas, humildemente, clamando a Dios por la iluminación» ¿Qué luchas enfrentas cuando lees la Biblia?

Mi respuesta:

Leo rutinariamente. Necesito maravillarme de que Dios nos habla hoy tal cómo nos habló en el pasado, cuyo registro lo encontramos en las Escrituras.

Tu respuesta:

El propósito de la revelación: ¿Por qué habló Dios?

Ya hemos visto cómo habló Dios: ahora, ¿por qué lo hizo? La respuesta no solo sirve para enseñarnos, sino para salvarnos; no solo sirve para instruirnos, sino para específicamente instruirnos «para la salvación» (2Ti 3.15). La Biblia posee este serio propósito práctico.

Volviendo a Isaías 55, este es el énfasis de los versículos 10 y 11. Tanto la lluvia como la nieve descienden del cielo y no vuelven allá. Estas cumplen un propósito en la tierra: la riegan, la hacen fecundar y germinar. La hacen fructífera. De la misma manera, la Palabra de Dios, que sale de su boca y nos da a conocer su mente, no vuelve hacia él vacía. Cumple un propósito. Y el propósito de Dios al enviar lluvia a la tierra y al hablar su Palabra a las personas es similar. En ambos casos se busca la fructificación: su lluvia hace que la tierra fructifique; su Palabra hace que las personas fructifiquen. Ella nos salva cambiándonos a la semejanza de Jesucristo. Definitivamente, el contexto es la salvación. Porque en los versículos 6 y 7 el profeta habla de la misericordia y el perdón de Dios y, seguidamente, en el versículo 12 habla del gozo y la paz de su pueblo redimido.

> Si queremos conocer su bondadoso plan para salvar a los pecadores, debemos leer la Biblia, porque es allí donde Dios nos habla de Cristo.

De hecho, aquí se encuentra la principal diferencia entre la revelación de Dios en la creación («natural», porque ha sido dada en la naturaleza, y «general», porque ha sido dada a toda la humanidad) y su revelación en la Biblia («supernatural», porque ha sido dada por inspiración, y «especial», porque ha sido dada a personas particulares y por medio de ellas). Dios revela su gloria, poder y fidelidad a través del universo creado, pero en este no revela el camino a la salvación. Si queremos conocer su bondadoso plan para salvar a los pecadores, debemos leer la Biblia, porque es allí donde Dios nos habla de Cristo.

Conclusión

Hemos aprendido tres verdades de nuestro texto en Isaías 55:

- Primero, la revelación divina no solo posee un carácter razonable, sino también indispensable. Sin ella jamás podríamos conocer a Dios.
- Segundo, la revelación divina sucede por medio de palabras. Dios habló a través de palabras humanas y al hacerlo explicaba sus obras.
- Tercero, la revelación divina es para salvación. Esta nos señala a Cristo como Salvador.

Mi conclusión es muy sencilla. Es una invocación a la humildad. Nada es más hostil al crecimiento espiritual que la arrogancia, y nada es más vital para dicho crecimiento que la humildad. Necesitamos humillarnos ante el Dios infinito, y reconocer las limitaciones de nuestra mente humana (por cuya capacidad jamás podríamos encontrar a Dios) y reconocer nuestra propia pecaminosidad (por cuyo medio jamás podríamos alcanzar a Dios).

Jesús dijo que esto era tener la humildad de un niño. Dios dijo que se esconde de los sabios e inteligentes, pero se revela a los que «son como niños» (Mt 11.25). Dios no estaba menospreciando nuestras mentes, ya que él mismo nos las dio. Más bien, nos estaba mostrando cómo debemos usarlas. La verdadera función de la mente no es juzgar la Palabra de Dios, sino postrarse con humildad ante ella, con el deseo de escucharla, entenderla, aplicarla y obedecerla en los aspectos prácticos del día a día.

La «humildad» de los niños se ve demostrada en la manera en la que aprenden y reciben. Los niños dependen de los mayores. Nada de lo que poseen se lo han ganado. Todo lo que tienen se les ha dado gratuitamente. Entonces, debemos «recibir el reino de Dios» como niños (Mr 10.15). Dado que los pecadores no merecen la vida eterna (la vida del reino de Dios) ni se la pueden ganar, debemos humillarnos para recibirla como un regalo gratuito de Dios.

Pregunta para las manos:

El autor concluye con un reto a que seamos humildes. ¿Qué acciones concretas puedes realizar para fomentar la humildad?

Mi respuesta:

Buscaré ser humilde como un niño, para oír a Dios hablar. Descansaré en la obra salvífica de Cristo para enfrentar mis debilidades y pecaminosidad.

Tu respuesta:

Apuntes del predicador

Esta sección tiene el propósito de ayudarte a poner en práctica las verdades de cada uno de estos capítulos al papel que juegas como predicador, ya seas pastor o laico de una iglesia o líder en un ministerio paraeclesiástico.

A partir de tu propio conocimiento y experiencia como expositor bíblico y teniendo en cuenta las realidades políticas, sociales, económicas y religiosas de tu entorno, te invitamos a responder las siguientes preguntas:

1. ¿Por qué necesitas predicar la palabra de Dios hoy?

2. ¿Cómo deberías predicar la palabra de Dios hoy?

3. ¿Por qué los seres humanos necesitan oír hoy la predicación de la Palabra de Dios?

4. En este capítulo has leído el manuscrito del sermón que John Stott predicó a oyentes específicos, en un contexto histórico determinado. A continuación compartimos el bosquejo sencillo del mismo.

   Título: Dios y la Biblia
   Texto bíblico: Isaías 55.8-11
   Puntos principales:
   a. El carácter razonable de la revelación
   b. El camino de la revelación
   c. El propósito de la revelación

5. ¿Cómo evalúas la fidelidad (exégesis) al texto bíblico que manifiesta el sermón? Por ejemplo: ¿Hubo una idea central? ¿Cuál fue? ¿Fue evidente el estudio del contexto? ¿El bosquejo homilético está relacionado con la estructura del pasaje?

   ____

   ____

   ____

   ____

   ____

   ____

6. ¿Cuáles cambios harías en el título y bosquejo del sermón si lo predicaras hoy a tus propios oyentes?

   ____

   ____

   ____

   ____

   ____

Capítulo 2

Cristo y la Biblia

Nuestro primer tema fue «Dios y la Biblia». Vimos el origen de las Escrituras, de dónde vinieron y que constituyen el gran tema de la revelación. Nuestro segundo tema es «Cristo y la Biblia»: ahora no reflexionaremos respecto al origen de esta ni de dónde ha venido, sino en su *propósito* y para qué nos ha sido dada. Nuestro texto es Juan 5.31-40. Jesús le dice a un grupo de judíos:

> Ustedes estudian con diligencia las Escrituras porque piensan que en ellas hallan la vida eterna. ¡Y son ellas las que dan testimonio en mi favor! Sin embargo, ustedes no quieren venir a mí para tener esa vida.
>
> *(Jn 5.39-40)*

De estas palabras de Jesús aprendemos dos importantes verdades sobre Cristo y la Biblia.

Las Escrituras testifican de Cristo

Jesús lo dice claramente: «Y son ellas (las Escrituras) las que dan testimonio de mí» (v. 39). La función principal de las Escrituras es dar testimonio de Cristo.

El contenido de nuestro pasaje habla sobre el testimonio de Cristo: ¿qué testimonio puede convalidar las palabras de Jesús de Nazaret? Él mismo nos lo dice. Para comenzar,

Jesús no testifica en su favor, como lo dice el versículo 31: «Si yo testifico en mi favor, ese testimonio no es válido». Evidentemente, Jesús no insinúa que miente respecto a sí mismo. De hecho, más adelante, rechaza una crítica de los fariseos e insiste en que su testimonio es válido (Jn 8.14). Lo que él nos quiso decir es que testificar respecto a uno mismo es inadecuado: sería sospechoso si el único testimonio que presentase en su favor fuera el de sí mismo. Más bien, dice que no: «otro es el que testifica en mi favor» (v. 32). Entonces, no se basa en su propio testimonio ni en un testimonio humano, ni siquiera en el de ese destacado testigo, Juan el Bautista. «Ustedes enviaron a preguntarle a Juan, y él dio un testimonio válido. Y no es que acepte yo el testimonio de un hombre…» (vv. 33-34).

Es decir, Jesús dice que no se trata de su propio testimonio ni el de los demás. Por supuesto, Juan era «una lámpara encendida y brillante» (v. 35), y ellos habían estado dispuestos a «disfrutar de su luz por algún tiempo». Pero el testimonio del que Jesús hablaba era de mayor peso. Superior al testimonio respecto a sí mismo, y superior al testimonio de cualquier ser humano, incluso al de Juan. Se trata del testimonio de su *Padre*. «Y el Padre mismo que me envió ha testificado en mi favor» (v. 37). Además, el testimonio que el Padre dio del Hijo sucedió de dos formas. En primer lugar, se dio por medio de obras poderosas, los milagros que el Padre le permitió hacer (v. 36). En segundo lugar, y más directamente aún, se dio por medio de las Escrituras, que constituyen el testimonio que el Padre dio respecto a su Hijo. Los versículos 36-39 lo confirman:

> El testimonio con que yo cuento tiene más peso que el de Juan. Porque esa misma tarea que el Padre me ha encomendado que lleve a cabo, y que estoy haciendo, es la que testifica que el Padre me ha enviado. Y el Padre mismo que me

> envió ha testificado en mi favor. Ustedes nunca
> han oído su voz, ni visto su figura, ni vive su
> palabra en ustedes, porque no creen en aquel a
> quien él envió. Ustedes estudian con diligencia
> las Escrituras porque piensan que en ellas hallan
> la vida eterna. ¡Y son ellas las que dan testimonio
> en mi favor!

Jesús enseñaba constantemente que las Escrituras del Antiguo Testamento eran la Palabra de Dios que daba testimonio a favor de él. Por ejemplo, dijo que «Abraham, el padre de ustedes, se regocijó al pensar que vería mi día» (Jn 8.56). Y, en Juan 5.46, dice: «… de mí escribió él (Moisés)». Nuevamente, «las Escrituras… dan testimonio en mi favor» (v. 39). Al inicio de su ministerio, cuando Jesús fue a adorar en la sinagoga de Nazaret, leyó sobre la misión del Mesías y el mensaje de liberación de Isaías 61, y añadió: «Hoy se cumple esta Escritura en presencia de ustedes» (Lc 4.21). En otras palabras, «Si quieren saber sobre quién escribía el profeta, les digo que escribía sobre mí». Y Jesús continuó afirmándolo a lo largo de su ministerio. Incluso después de la resurrección, Jesús no cambió de opinión, porque «les explicó lo que se refería a él en todas las Escrituras» (Lc 24.27). Así, desde el inicio hasta el final de su ministerio, Jesús declaró que todo el testimonio profético del Antiguo Testamento, en toda su abundante diversidad, apuntaba a él. «Las Escrituras… dan testimonio en mi favor».

Pero los judíos de aquellos tiempos ignoraron este testimonio. Fueron estudiantes muy diligentes del Antiguo Testamento, y estamos de acuerdo con ello. Jesús dijo: «Ustedes estudian con diligencia las Escrituras…». Los judíos estudiaban y dedicaban muchas horas a analizar cuidadosamente hasta los más mínimos detalles de la Escritura del Antiguo Testamento. Solían contar el número de palabras, o incluso de letras, de cada libro de la Biblia.

Estaban conscientes de que se les había confiado las palabras mismas de Dios (Ro 3.2). Por alguna razón, creyeron que la acumulación de un detallado conocimiento bíblico los llevaría a una correcta relación con Dios. «Ustedes estudian con diligencia las Escrituras porque piensan que en ellas hallan la vida eterna». ¡Qué extraño! ¿Creer que las Escrituras en sí mismas podían dar vida eterna? Las Escrituras nos dicen que Cristo es el que da la vida, e instan a sus lectores a acudir a él para encontrarla. Pero en lugar de acudir a Cristo para encontrar la vida, los judíos creyeron que podían encontrarla en las mismas Escrituras. Sería como si, en vez de seguir la receta del doctor, termináramos tragándonos la receta.

> Si no vamos al Jesús que señala la Biblia, perdemos todo el propósito de la lectura bíblica.

Algunos de nosotros cometemos ese mismo error. Tenemos una actitud supersticiosa cuando leemos la Biblia, como si esta poseyera algún efecto mágico. Pero no hay tal magia en la Biblia o en la lectura mecánica de ella. No la hay, la Palabra escrita muestra la Palabra Viva que nos dice: «acude a Jesús». Si no vamos al Jesús que señala la Biblia, perdemos todo el propósito de la lectura bíblica.

Los cristianos evangélicos no son, ni deberían ser, lo que a veces se nos acusa de ser: «bibliólatras», que le rendimos culto a la Biblia. No, nosotros no adoramos la Biblia; adoramos al Cristo de la Biblia. Imagínense a un joven enamorado. Su enamorada lo ha conquistado. O puede que sea su prometida o su esposa, y está profundamente enamorado de ella. Así que lleva una foto de su amada en su billetera, porque le recuerda a ella cuando no está cerca. A veces, cuando nadie lo ve, saca la fotografía y le da un beso. Pero besar la fotografía es un pésimo sustituto de la realidad. Lo mismo sucede con la Biblia. Sentimos pasión por ella solo porque amamos a aquel de quien ella habla.

Pregunta para el corazón:

¿Qué críticas recibes de tus familiares y amigos por causa de tu relación con el Jesús de la Biblia?

Mi respuesta:

Que soy un fanático por tomar como modelo de vida al Jesús de la Biblia y afirmar las verdades que él enseñó.

Tu respuesta:

Esta es la clave principal para comprender las Escrituras. La Biblia es el retrato que Dios da sobre Jesús, pues da testimonio a favor de él. Así que, siempre que leamos la Biblia, debemos buscar a Cristo. Por ejemplo, la ley del Antiguo Testamento es nuestra «guía» que se encarga de conducirnos a Cristo (Gá 3.24). Debido a que la Biblia nos condena por nuestra desobediencia, Cristo es vital para nosotros. La Biblia nos dirige a él, por medio del único en quien podemos encontrar perdón.

Los sacrificios del Antiguo Testamento nos señalan a aquel perfecto sacrificio en la cruz por causa del pecado y que fue hecho una sola vez y para siempre, el sacrificio de Cristo por nuestra redención. Otro ejemplo es el mensaje de los profetas del Antiguo Testamento que anuncian la llegada del Mesías. Estos se refieren a él como un rey del linaje de David, durante cuyo reinado habrá paz, justicia y estabilidad. Estos escriben que él era «descendencia de Abraham», por medio de quien todas las naciones del mundo serían benditas. También lo describen como el «siervo inmolado del Señor» quien moriría por los pecados de su pueblo, y como «alguien con aspecto humano viniendo entre las nubes del cielo» a quien todos

> La Biblia es el retrato que Dios da sobre Jesús, pues da testimonio a favor de él.

servirán. Todas estas imágenes de la profecía del Antiguo Testamento dan testimonio de Cristo.

Cuando leemos el Nuevo Testamento, vemos de manera más clara que Jesucristo ocupa el lugar central. Los Evangelios hablan todo el tiempo de él. Hablan de su nacimiento y su ministerio público, de sus palabras y sus hechos, de su muerte y su resurrección y de su ascensión y el don del Espíritu Santo. El libro de los Hechos nos dice lo que Jesús continuó haciendo y enseñando por medio de los apóstoles a quienes él había elegido y comisionado. Las epístolas de los apóstoles muestran la gloria de Jesús en su persona divina y humana y su obra redentora.

Cuando leemos el último libro de la Biblia, el Apocalipsis, también vemos que se habla mucho de Cristo. Allí se nos dice que vigila las iglesias de la tierra, que comparte el trono de Dios en los cielos, que cabalga en un caballo blanco, y que retornará en poder y gloria.

Los antiguos escritores solían decir que, de la misma manera en la que cada sendero y camino rural en Inglaterra, conectados entre sí, conduce finalmente a Londres, así cada versículo y párrafo en la Biblia, conectados entre sí, nos lleva finalmente a Cristo. Las Escrituras dan testimonio a favor de él. Esa es la primera verdad que se enseña de manera muy evidente en nuestro pasaje de Juan 5.

Pregunta para la cabeza:
¿Qué significa que Cristo «ocupe el lugar central en la Biblia»?
Mi respuesta:
Que tanto el Antiguo como el Nuevo Testamento nos conducen a Cristo.
Tu respuesta:

Cristo testifica de las Escrituras

Cuando Jesús se refirió al testimonio de Juan el Bautista, dijo que se trataba del testimonio de un hombre (Jn 5.33-34), y añadió que el testimonio al que él se refería no era un testimonio humano, sino que tenía más peso, pues era el testimonio de su Padre cuyas *obras* (v. 36, RV60) y su *palabra* (v. 38, RV60) lo confirmaban. Aquí vemos que Jesús declara de manera directa que las Escrituras del Antiguo Testamento son la «palabra» de su Padre, y que este testimonio bíblico no era humano, sino divino.

Jesús enseñaba esto constantemente. Es más, la razón principal por la cual nosotros deseamos someternos a la autoridad de la Biblia es que Jesucristo acreditó que esta tiene la autoridad de Dios. Si queremos entender este punto (debemos hacerlo), necesitamos distinguir entre el Antiguo y Nuevo Testamento. En definitiva, la Biblia contiene ambos testamentos, pero Jesús nació, vivió y murió entre ambos. Jesús otorgó validez tanto al Antiguo como al Nuevo Testamento, pero lo hizo desde distintas perspectivas, recordó el tiempo pasado del Antiguo Testamento y vislumbró el futuro del Nuevo.

a) Jesús respaldó el Antiguo Testamento

Jesús no solo describió las Escrituras como la «palabra» y el «testimonio» de su Padre, como ya lo hemos visto, sino que también dijo que «la Escritura no puede ser quebrantada» (Jn 10.35). Al inicio del Sermón del monte, Jesús dijo: «No piensen que he venido a anular la ley o los profetas; no he venido a anularlos, sino a darles cumplimiento. Les aseguro que mientas existan el cielo y la tierra, ni una letra ni una tilde de la ley desaparecerán hasta que todo se haya cumplido» (Mt 5.17-18). Jesús demostró tener una reverente obediencia a las Escrituras del Antiguo Testamento, pues creía que, al someterse a la Palabra escrita, se sometía a la Palabra de su Padre. Y, como creía que aquella Palabra venía de Dios, cumplió su misión de Mesías a la luz de su testimonio profético y añadió que algunas cosas debían suceder, porque las Escrituras debían cumplirse.

Asimismo, Jesús obedeció los mandamientos morales del Antiguo Testamento, por ejemplo, cuando el diablo le tentó en el desierto de Judea y Jesús le ordenó que lo dejara porque las Escrituras así lo afirmaban. Por muy sutiles que hayan sido las tentaciones de Satanás, Jesús no estuvo dispuesto a escucharlo ni a negociar con él. Jesús estaba decidido a obedecer a Dios, no al diablo, y lo que estaba escrito en las Escrituras lo ayudó en el momento de tentación (p. ej., Lc 4.4, 8, 12).

Jesús también apeló a las Escrituras para argumentar contra los dirigentes religiosos de su época. A menudo, Jesús se veía envuelto en controversias y en cada ocasión apelaba a las Escrituras. Criticó a los fariseos por agregar sus tradiciones a las Escrituras, y a los saduceos por quitarle los aspectos sobrenaturales (p. ej., la resurrección). De este modo, Jesús realzó las Escrituras como Palabra de su Padre para que crean en ellas y las obedezcan. No permitió ningún cambio en ellas, ninguna adición ni sustracción.

Claro que Jesús afirmó que, con él, se estaba «cumpliendo» el tiempo (Mr 1.14-15) y que, por lo tanto, el momento de espera había terminado. Esto significó, tal como sus seguidores pronto reconocieron, que los gentiles podían entrar en el reino de los cielos al igual que los judíos, y que el sistema ceremonial judío ya no sería necesario, incluyendo sus leyes respecto a los alimentos (Mr 7.19) y, sobre todo, sus sacrificios de sangre.

Sin embargo, no hay ningún ejemplo en los Evangelios que nos muestre que Jesús estuvo en desacuerdo con la enseñanza doctrinal o moral del Antiguo Testamento. Lo que Jesús sí contradijo fue las malas interpretaciones y tergiversaciones que los escribas hacían del Antiguo Testamento. Abordó este tema en el Sermón del monte, en donde dijo seis veces: «Ustedes han oído esto, pero yo les digo algo diferente». Lo que habían «oído» eran las supuestas «tradiciones de los ancianos». Jesús criticaba esto, no la enseñanza de Moisés respecto a la ley, pues él recibió lo que estaba escrito en las Escrituras como Palabra de su Padre.

Si esto es cierto y la evidencia es contundente, tenemos que afirmar que el discípulo no está por encima de su maestro. Es inconcebible que un cristiano, que afirma que Jesús es su Señor y Maestro, tenga una opinión inferior respecto al Antiguo Testamento que la que tuvo el propio Jesús. ¿Tiene acaso sentido llamar a Jesús «Maestro» y «Señor»? ¿y luego estar en desacuerdo con él? No tenemos autoridad para estar en desacuerdo. Su manera de ver las Escrituras debe volverse la nuestra. Debido a que él creyó en las Escrituras, nosotros también debemos hacerlo. Debido a que él las obedeció, nosotros también debemos obedecerlas. Jesús defendió firmemente la autoridad de la Biblia.

> Es inconcebible que un cristiano, que afirma que Jesús es su Señor y Maestro, tenga una opinión inferior respecto al Antiguo Testamento que la que tuvo el propio Jesús.

b) Jesús proporcionó lo necesario para que se escribiese el Nuevo Testamento

De la misma manera en la que Dios llamó a los profetas del Antiguo Testamento para registrar e interpretar lo que estaba haciendo, y luego los «envió» para que se lo revelaran a los hijos de Israel, Jesús llamó a los apóstoles para registrar e interpretar lo que estaba haciendo y diciendo, y luego los «envió» para que se lo revelen a la iglesia y al mundo. De ello se trata el significado de la palabra *apostolos*, el que es «enviado» a una misión llevando un mensaje. Este paralelismo entre los profetas del Antiguo Testamento y los apóstoles del Nuevo Testamento fue hecho a propósito. Jesús escogió a doce apóstoles para que lo acompañasen, para que escuchen sus palabras, vean sus obras, y luego den testimonio de lo que habían visto y oído (cf. Mr 3.14; Jn 15.27). Luego, les prometió el Espíritu Santo para recordarles lo que les había enseñado y complementarla guiándolos hacia toda verdad (Jn 14.25-26, 16.12-13). Aquello explica por qué Jesús pudo decirles luego a los apóstoles: «El que los escucha a ustedes, me escucha a mí; el que los rechaza a ustedes, me rechaza a mí» (Mt 10.40; Lc 10.16; Jn 13.20). En otras palabras, Jesús les entregó su autoridad, para que la actitud de la gente hacia la enseñanza de ellos fuera un reflejo de la actitud que tienen hacia su enseñanza. Después, Jesús añadió al grupo de los apóstoles a Pablo y quizá a una o dos personas más, y les dio la misma autoridad.

Los propios apóstoles reconocieron la autoridad singular que se les había dado como maestros de la iglesia. Estos no dudaron en colocarse, en ocasiones, a la altura de los profetas del Antiguo Testamento, ya que también eran portadores de «la palabra de Dios» (p. ej., 1Ts 2.13). Estos hablaron y escribieron en el nombre y con la autoridad de Jesucristo. Emitieron mandatos y esperaban obediencia a ellos (p. ej., 2Ts 3). Incluso, dieron instrucciones para que sus cartas fuesen leídas en la asamblea pública cuando los cristianos se reunieran, por lo que las colocaron junto a las Escrituras del Antiguo Testamento (p. ej., Col 4.16; 1Ts 5.27). De allí nace la costumbre de leer el Antiguo y el Nuevo Testamento en la iglesia, la cual continúa hasta la actualidad.

En Gálatas encontramos un ejemplo sorprendente del conocimiento que Pablo tenía respecto a su autoridad apostólica. Había logrado subir los montes Tauro y descender a la llanura de Galacia para visitar a los gálatas, pero había llegado enfermo. Nos habla de una enfermedad, que tal vez habría afectado su vista (Gá 4.13-16), y continúa diciendo: «No me trataron con desprecio ni desdén. Al contrario, me recibieron como a un ángel de Dios, como si se tratara de Cristo Jesús» (v. 14).

Aquellos no solo lo recibieron como a un ángel de Dios o como a un mensajero, sino que lo escucharon como si fuera Cristo Jesús. Observen que él no los reprende por esto. No les dice: «Pero ¿qué tenían en la cabeza? ¿Pretender darme el mismo respeto que darían a Cristo?» No hace aquello, en cambio, los elogia por la forma en la que lo habían tratado. No solo fue una simple cortesía cristiana la que los motivó a recibir a un extraño, fue más que eso. Reconocieron que él era un mensajero divino, un apóstol, que había ido a ellos en el nombre y con la autoridad de Cristo. Por ello, lo recibieron como si él fuera Cristo.

No solo los apóstoles entendieron que se les había dado la autoridad para enseñar, sino que la iglesia primitiva también lo entendió así. Luego de que todos los apóstoles murieron, los dirigentes de la iglesia supieron que habían entrado en una nueva era posapostólica. Ya no quedaba nadie en la iglesia con la autoridad de Pablo, Pedro o Juan. El obispo Ignacio de Antioquía (110 d.C.), quien ministró poco después de que muriera Juan (el último apóstol), es tal vez el primer claro ejemplo de ello. Cuando iba camino a Roma para ser ejecutado, escribió algunas cartas a los efesios, a los romanos, a los tralianos y a otros. En ellas escribió muchas veces: «Yo no les doy mandatos, como Pedro o Pablo, pues no soy apóstol, sino un hombre condenado a muerte». En aquel entonces, Ignacio era obispo de la iglesia. Pero aún a pesar de ello, sabía que no era apóstol y que, por tanto, no tenía la misma autoridad apostólica. La iglesia primitiva entendió perfectamente la diferencia. Así que, cuando llegó el momento de establecer el canon del Nuevo Testamento en el siglo iii d.C., el criterio para formar parte de este fue la apostolicidad.

Las preguntas fundamentales que debían hacerse respecto a un libro en disputa eran las siguientes: ¿Lo escribió un apóstol? Si no, ¿lo escribió alguien del círculo de los apóstoles? ¿Contiene la enseñanza de los apóstoles? ¿Tuvo el imprimátur de los apóstoles? Si demostraba ser un libro «apostólico» en base a alguna de estas preguntas, su lugar en el canon del Nuevo Testamento estaba asegurado.

Hoy en día, es extremadamente importante recuperar esta noción respecto a la autoridad singular de los apóstoles de Cristo. Estos fueron testigos del Señor resucitado (Hch 1.21-26; 1Co 9.1, 15.8-10), que recibieron un mandato especial e inspiración de parte de Jesús. Por lo tanto, no tenemos derecho a desestimar sus enseñanzas, como si estas fueran simples opiniones. Pues, no hablaban ni escribían en nombre de ellos, sino en el nombre de Cristo.

Conclusión

Permítanme ofrecerles un resumen. La razón por la que creemos en las Escrituras es por causa de Cristo. Él respaldó el Antiguo Testamento y proporcionó lo necesario para que se escribiese el Nuevo Testamento cuando dio autoridad a los apóstoles. Por tanto, hemos recibido la Biblia de manos del propio Jesucristo. Él es quien le ha otorgado su propia autoridad. Y debido a que estamos dispuestos a someternos a él, también nos sujetamos a su Palabra. Nuestra doctrina de las Escrituras está ligada a nuestra lealtad a Jesucristo. Si él es nuestro Maestro y Señor, carecemos de libertad para estar en desacuerdo con él. Debemos ver las Escrituras como él las ve.

Respecto a este punto, algunos se plantean una objeción entendible. Resumiendo lo que hemos estado diciendo, dicen acertadamente: «Las Escrituras dan testimonio de Cristo y Cristo da testimonio de las Escrituras». Y luego añaden, «pero ¿no es este testimonio recíproco, en el que cada uno testifica respecto al otro, un razonamiento circular? ¿Acaso se da por sentado la verdad que se quiere demostrar? Es decir, con el fin de demostrar la inspiración de las Escrituras, se apela a las enseñanzas de Jesús, pero se cree en las enseñanzas de Jesús por medio de la inspiración de las Escrituras. ¿No es este un argumento circular y, por lo tanto, inválido? Bueno, se trata de una objeción importante que se debe aclarar. Sin embargo, lo cierto es que nuestro argumento ha sido mal interpretado, ya que es un argumento lineal, no circular.

Permítanme explicarles. Cuando escuchamos por primera vez el testimonio bíblico de Cristo, al leer nuestro Nuevo Testamento, no tenemos ninguna idea preconcebida respecto a la doctrina de la inspiración. Sencillamente lo aceptamos como una colección de documentos históricos del primer siglo, que sin duda alguna lo son. Sin embargo, más allá de cualquier teoría de inspiración bíblica, el Espíritu Santo nos lleva a la fe en Jesús por medio de este testimonio histórico. Es en aquel momento que este Jesús, en quien hemos llegado a creer, nos lleva nuevamente a la Biblia y nos enseña una doctrina de las Escrituras que desconocíamos cuando habíamos empezado a leerlas, pues ahora nos dice que su testimonio histórico también es un testimonio divino, y que su Padre da testimonio de él por medio de los profetas y los apóstoles.

> Por tanto, hemos recibido la Biblia de manos del propio Jesucristo. Él es quien le ha otorgado su propia autoridad.

Quisiera rogarles que cada vez que lean la Biblia recuerde su propósito fundamental. Las Escrituras son el testimonio que el Padre da del Hijo. La Biblia apunta a Jesús. Esta nos dice: «Acude a él donde encontrarás aquella abundante vida eterna». Por lo tanto, cualquier interés en el texto bíblico que no produzca un compromiso más sólido con Jesucristo en fe, amor, adoración y obediencia, está seriamente distorsionado.

Pregunta para las manos:

¿Qué distorsiones percibes entre tu deseo de seguir al Cristo de la Biblia y las realidades de tu vida?

Mi respuesta:

Me cuesta poner en práctica la honestidad ante la corrupción que me rodea.

Tu respuesta:

La Palabra nos lleva a considerar la amonestación de Jesús: «Ustedes estudian con diligencia las Escrituras porque piensan que en ellas hallan la vida eterna. ¡Y son ellas las que dan testimonio en mi favor! Sin embargo, ustedes no quieren venir a mí (de quien ellas dan testimonio) para tener esa vida».

> [...] tener una Biblia, leerla, quererla, estudiarla o conocerla no basta. Necesitamos preguntarnos: *¿Es el Cristo de la Biblia el centro de nuestras vidas?*

Las Escrituras (como bien lo decía Lutero) son el pesebre o «cuna» donde yace Jesús. No nos quedemos examinando la cuna y así nos olvidemos de adorar al Hijo. También podríamos decir que las Escrituras son la estrella que aún guía a los sabios hacia Jesús. No permitamos que nuestra curiosidad sobre astronomía nos distraiga tanto que perdamos de vista la casa a la que nos conduce, en la que se encuentra el propio niño Jesús. Podríamos volver a decir que las Escrituras son la caja en la que se exhibe la joya que es Jesucristo. No nos quedemos admirando la caja en vez de contemplar la joya que hay dentro.

Espero que se hayan dado cuenta que tener una Biblia, leerla, quererla, estudiarla o conocerla no basta. Necesitamos preguntarnos: *¿Es el Cristo de la Biblia el centro de nuestras vidas?* Si no lo es, toda nuestra lectura bíblica ha sido en vano, porque este es el gran propósito de la Palabra.

Apuntes del predicador

1. La centralidad de la persona, obras y enseñanzas de Cristo es imprescindible en la predicación bíblica. ¿Qué lugar ocupa Cristo en tu predicación? Considera las siguientes alternativas u opciones. ¿Cuál de ellas está más cercana a tu realidad actual?

   ☐ Me cuesta vincular a Jesús con el Antiguo Testamento.

   ☐ Estoy aprendiendo a leer las Epístolas del Nuevo Testamento a la luz de Jesús, y esto me ha enriquecido y ha dado seguridad a mi predicación.

   ☐ Le doy un lugar central.

2. ¿Cuál lugar piensas que ocupa Cristo en el modelo de exposición bíblica que propone y promueve Langham Predicación en América Latina (y en otros continentes)? Considera las siguientes alternativas u opciones. ¿Cuál de ellas está más cercana a tu realidad actual?

   ☐ Pienso que se promueve una propuesta equilibrada en este aspecto. No se fuerza la búsqueda del Jesús Mesías en todos los textos del Antiguo Testamento, pero tampoco se descuida.

   ☐ Faltaría un énfasis más importante en la vinculación de Cristo con el Antiguo Testamento.

3. Debido a los procesos de corrupción, abandono, injusticia, marginalidad, maldad estructural, deterioro ambiental que marcan decisiva y negativamente a nuestra sociedad latinoamericana hoy, ¿qué faceta del Cristo que aparece en la Biblia es imperioso predicar hoy en América Latina? Considera las siguientes alternativas u opciones. ¿Cuál de ellas se aproxima más a tu realidad actual?

☐ El Jesús que lucha contra la injusticia establecida.

☐ El Jesús que está a lado de los marginados y marginadas.

☐ El Jesús que rechaza la corrupción.

☐ El Jesús que se preocupa por toda la creación de Dios.

☐ El Jesús que sufre por las multitudes que andan sin pastor.

☐ El Jesús profético, que denuncia la maldad estructural y anuncia la buena noticia del reino de Dios.

4. El siguiente es el bosquejo sugerido del capítulo que has leído:

> *Tema:* Las Escrituras testifican de Cristo vs. Cristo testifica de las Escrituras
> *Puntos principales:*
> a. Jesús respaldó el Antiguo Testamento
> b. Jesús proporcionó lo necesario para que se escribiese el Nuevo Testamento

5. ¿Podrías completar el bosquejo: colocando el título, el texto bíblico, una breve introducción (un párrafo) y la conclusión (un párrafo) a partir del manuscrito leído?

____

____

____

____

____

____

____

____

____

____

6. ¿Podrías mencionar dos o tres «puentes» que usó el expositor para contextualizar el mensaje del pasaje a la realidad de sus oyentes?

____

____

____

____

____

____

7. ¿Cuáles cambios harías en el sermón si lo predicaras hoy a tus propios oyentes?

____

____

____

____

____

____

____

____

____

____

____

____

Capítulo 3

El Espíritu Santo y la Biblia

Todos los cristianos sabemos que la Santa Biblia y el Espíritu Santo tienen algo que ver entre sí. De hecho, todos los cristianos creemos que la Santa Biblia es, en cierto sentido, el producto creativo del Espíritu Santo. Una de las creencias que a menudo afirmamos respecto al Espíritu Santo es que «él habló por medio de los profetas». Esta expresión repite muchas frases similares que se encuentran en el Nuevo Testamento. Por ejemplo, una vez el propio Señor Jesús introdujo una cita del Salmo 110 con las siguientes palabras: «David mismo, hablando por el Espíritu Santo, declaró…» (Mr 12.36). De manera similar, el apóstol Pedro escribió en su segunda carta que

> La Biblia proviene de Dios, se centra en Cristo y recibe su inspiración de parte del Espíritu Santo.

«los profetas hablaron por parte de Dios, impulsados por el Espíritu Santo» (2P 1.21) o, como el verbo griego dice, estos eran «impulsados» por el Espíritu Santo, como por un fuerte viento. Entonces, entendemos que hay una relación importante entre la Biblia y el Espíritu, la cual debemos analizar.

Hasta el momento hemos dicho que Dios es el autor de la Biblia y que Jesucristo es el tema principal. Ahora, debemos añadir que el Espíritu Santo es *quien revela la Palabra.* Siendo así, vemos que la comprensión cristiana de la Biblia es esencialmente trinitaria. La Biblia proviene de Dios, se centra en Cristo y recibe su inspiración de parte del Espíritu Santo. Por tanto, la mejor definición de la Biblia también es trinitaria: «la Biblia es el testimonio que el Padre da del Hijo por medio del Espíritu Santo».

Pregunta para la cabeza:

Escribe las palabras que faltan y leerás la verdad más importante dicha hasta aquí:

«La Biblia proviene de _________, se centra en _____________ y recibe su inspiración de parte del _________________________».

Verifica tu respuesta[1]

Entonces, ¿cuál es el papel específico del Espíritu Santo en el proceso de la revelación? Para responder esta pregunta, iremos a la Biblia, específicamente a 1 Corintios 2.6-16.

> En cambio, hablamos con sabiduría entre los que han alcanzado madurez, pero no con la sabiduría de este mundo ni con la de sus gobernantes, los cuales terminarán en nada. Más bien, exponemos el ministerio de la sabiduría de Dios, una sabiduría que ha estado escondida y que Dios había destinado para nuestra gloria desde la eternidad. Ninguno de los gobernantes de este mundo la entendió, porque de haberla entendido no habrían crucificado al Señor de la gloria. Sin embargo, como está escrito:
>
> «Ningún ojo ha visto,
>   ningún oído ha escuchado,
> ninguna mente humana ha concebido

---

[1] «La Biblia proviene de Dios, se centra en Cristo y recibe su inspiración de parte del Espíritu Santo».

> lo que Dios ha preparado para quienes lo
> aman».

> Ahora bien, Dios nos ha revelado esto por medio de su Espíritu, pues el Espíritu lo examina todo, hasta las profundidades de Dios. En efecto, ¿quién conoce los pensamientos del ser humano sino su propio espíritu que está en él? Así mismo, nadie conoce los pensamientos de Dios sino el Espíritu de Dios. Nosotros no hemos recibido el espíritu del mundo, sino el Espíritu que procede de Dios, para que entendamos lo que por su gracia él nos ha concedido. Esto es precisamente de lo que hablamos, no con las palabras que enseña la sabiduría humana, sino con las que enseña el Espíritu, de modo que expresamos verdades espirituales en términos espirituales. El que no tiene el Espíritu no acepta lo que procede del Espíritu de Dios, pues para él es locura. No puede entenderlo, porque hay que discernirlo espiritualmente. En cambio, el que es espiritual lo juzga todo, aunque él mismo no está sujeto al juicio de nadie, porque

> «¿quién ha conocido la mente del Señor
> para que pueda instruirlo?»

> Nosotros, por nuestra parte, tenemos la mente de Cristo.

Es importante que veamos este pasaje en su contexto más amplio. En 1 Corintios, Pablo comienza enfatizando la «locura» del evangelio. Por ejemplo, cuando afirma que «el mensaje de la cruz es locura para los que se pierden» (1.18), y «nosotros predicamos a Cristo crucificado. Este mensaje es motivo de tropiezo para los judíos, y es locura para los gentiles» (1.23). O como diríamos hoy en día, el mensaje de la cruz suena a estupidez para los intelectuales no religiosos o incluso carente de significado. Por lo que ahora Pablo añade una aclaración para que sus lectores no piensen que él rechaza la sabiduría y que, en cambio, se gloría en la locura. Entonces, ¿se opone el apóstol Pablo al intelectualismo? ¿Menosprecia el conocimiento y el uso de la mente? Por supuesto que no.

En los versículos 6-7, dice: «En cambio, hablamos con sabiduría entre los que han alcanzado madurez… una sabiduría que ha estado escondida y que Dios había destinado para nuestra gloria desde la eternidad». No pasemos por alto los contrastes que Pablo ofrece. Aclara que impartimos sabiduría, pero (a) solo a los que han alcanzado la madurez, no a los no creyentes o a los cristianos recientes; (b) es la sabiduría de Dios, no la de este mundo; y (c) es para nuestra glorificación, es decir, nuestra perfección definitiva al participar en la gloria de Dios, no solo para justificarnos en Cristo. Debemos seguir el ejemplo de los apóstoles. Cuando evangelicemos a no creyentes, debemos concentrarnos en la «locura» del evangelio, en Cristo crucificado por los pecadores. Sin embargo, cuando formemos a los cristianos para que alcancen la madurez, debemos tener como meta que logren entender todo el propósito de Dios. En el versículo 7, Pablo identifica a esta sabiduría como el «misterio» de Dios que ha estado escondido y, en el 9, «lo que Dios ha preparado para quienes lo aman». Enfatiza que este misterio solo puede ser conocido por medio de la revelación. «Los gobernantes de este mundo» (los dirigentes seculares) no la entendieron, porque de haberla entendido nunca habrían crucificado «al Señor de la gloria» (v. 8). Sin embargo, la falta de comprensión no solo fue un problema de ellos; ningún ser humano, sin la ayuda de Dios, puede contemplar su sabiduría ni su propósito.

Pablo escribe en el versículo 9 que el propósito de Dios es algo que «ningún ojo ha visto» (es invisible), «ningún oído ha escuchado» (es inaudible) y «ninguna mente humana ha concebido» (es inconcebible). El propósito de Dios está fuera del alcance de los ojos, los oídos y las mentes humanas; no está sujeto a la investigación científica, ni a la imaginación poética. Descifrar el propósito de Dios es totalmente imposible para nuestras pequeñas mentes finitas, a menos que Dios nos lo revele, ¡y es precisamente eso lo que Dios ha hecho! Observen una vez más el inimaginable esplendor de su propósito: «"Ningún ojo ha visto, ningún oído ha escuchado, ninguna mente humana ha concebido lo que Dios ha preparado para quienes lo aman". Dios nos ha revelado esto por medio de su Espíritu». Aquí se enfatiza la frase «nos ha revelado» y, según el contexto, no se refiere a todos nosotros, sino al apóstol Pablo que es quien escribe, y a los demás apóstoles. Dios reveló estas verdades a personas especiales (los profetas en el Antiguo Testamento y los apóstoles en el Nuevo), y lo hizo por «medio de su Espíritu». El Espíritu Santo fue quien hizo esta revelación.

Me temo que esta ha sido una introducción bastante larga, pero nos ayudará a comprender el contexto en el que Pablo habla respecto al Espíritu Santo como el portavoz de la revelación. Lo que Pablo continúa escribiendo es una declaración maravillosamente completa. Describe las cuatro etapas de la obra del Espíritu Santo como portavoz de la revelación divina.

El Espíritu examina

En primer lugar, el Espíritu Santo examina (vv. 10-11). Debemos señalar, solo rápidamente, que ello muestra que el Espíritu Santo es una persona, ya que solo las personas pueden dedicarse a «examinar» o «investigar». Para aclarar este punto, es cierto que las computadoras pueden llevar a cabo investigaciones altamente complejas de tipo mecánico y analítico. Pero la verdadera investigación implica más que recolectar y analizar datos estadísticos; esta requiere un razonamiento especial y eso es lo que hace el Espíritu Santo, pues tiene una mente con la que piensa. Dado que es una persona divina (y no una computadora, o una vaga influencia o poder), necesitamos acostumbrarnos a referirnos al Espíritu Santo como «él», y no como «ello».

Pablo utiliza dos interesantes ilustraciones para indicar las cualidades únicas del Espíritu Santo en la obra de la revelación.

La primera es que «el Espíritu lo examina todo, hasta las profundidades de Dios» (v. 10). Se trata del mismo verbo que usó Jesús cuando dijo que los judíos «estudian con diligencia las Escrituras». Se describe al Espíritu Santo como un investigador despierto e inquisitivo, o tal vez como un buzo de aguas profundas que busca penetrar en las profundidades del insondable ser del Dios Todopoderoso, ya que el ser de Dios es infinito en su profundidad, y Pablo declara audazmente que el Espíritu de Dios examina estas profundidades. En otras palabras, Dios mismo explora las riquezas de su propio ser.

El segundo ejemplo o ilustración que da Pablo se extrae de la auto reflexión humana. El versículo 11 dice: «En efecto, ¿quién conoce los pensamientos del ser humano sino su propio espíritu que está en él?» Los «pensamientos» son literalmente «cosas», las «cosas» de un ser humano son quizá lo que llamaríamos nuestra «humanidad». Una hormiga no puede concebir lo que es ser una persona; una rana, un conejo, o incluso el simio más inteligente, tampoco. Ningún ser humano puede comprender completamente a otro. Cuantas veces decimos, sobre todo en la adolescencia, mientras crecemos, «no me entiendes, nadie me entiende». ¡Y es cierto! A mí nadie me entiende excepto yo mismo, incluso la reflexión de mí mismo es limitada. De la misma forma, nadie los entiende a ustedes excepto ustedes mismos. Es esta clase de auto reflexión o auto conciencia la que Pablo menciona respecto al Espíritu Santo: «Así mismo, nadie conoce los pensamientos de Dios sino el Espíritu de Dios»

(v. 11). Aquí, el Espíritu Santo de Dios es casi como la auto reflexión o la auto conciencia divina. Así como nadie puede entender a un ser humano excepto él mismo, nadie puede entender a Dios excepto Dios mismo. Como lo dice un viejo himno, «Solo Dios conoce el amor de Dios». Igualmente, podríamos afirmar que solo Dios conoce la sabiduría de Dios, es más, solo Dios conoce su propio ser.

Entonces, el Espíritu examina las profundidades de Dios, y el Espíritu conoce las cosas de Dios. Él entiende al Padre de una manera única. Ahora, la pregunta es: ¿qué ha hecho el Espíritu Santo con lo que ha examinado y ha llegado a conocer? ¿Se ha guardado aquel conocimiento único para sí mismo? No. Ha hecho aquello que solo él puede hacer: lo ha dado a conocer. El Espíritu que examina pasó a ser el Espíritu que revela.

El Espíritu revela

Lo que solo el Espíritu Santo ha llegado a saber, él mismo lo ha dado a conocer. Esto ya lo hemos visto en el versículo 10: «Ahora bien, Dios nos ha revelado (a los apóstoles) esto por medio de su Espíritu». Y Pablo continúa en el versículo 12: «nosotros» (el mismo pronombre que se refiere a los apóstoles) «no hemos recibido el espíritu del mundo, sino el Espíritu que procede de Dios» (es decir, el Espíritu que examina y conoce), «para que entendamos lo que por su gracia él nos ha concedido». Los apóstoles habían recibido dos regalos llenos de gracia de parte Dios: el primero, la gracia de la salvación («lo que por su gracia él nos ha concedido»); y el segundo, su Espíritu para entender dicha salvación.

El propio Pablo es el mejor ejemplo de este doble proceso. Cuando leemos sus epístolas, vemos que nos ofrece una extraordinaria exposición del evangelio de la gracia de Dios. Nos dice lo que Dios ha hecho por pecadores culpables como nosotros, que no tienen excusa y no merecen más que juicio.

Nos dice que Dios envió a su Hijo para que muriese por nuestros pecados en la cruz y luego resucite y que, si estamos unidos a Jesucristo, internamente por la fe y externamente por el bautismo, morimos y resucitamos con él, y así tenemos una vida nueva. Pablo da a conocer en sus epístolas un magnífico evangelio. Pero ¿cómo sabe todo aquello? ¿Cómo puede ofrecer declaraciones tan claras respecto a la salvación? Bueno, primero, esto se debe a que él mismo la ha recibido. Él conoce la gracia de Dios porque la ha vivido. Y segundo, el Espíritu Santo le fue dado para que interprete su propia experiencia. Así que el Espíritu Santo le reveló el plan de salvación de Dios, lo que Pablo llama «el misterio» en otras epístolas. El Espíritu que examina pasó a ser el Espíritu que revela.

El Espíritu inspira

Ahora estamos listos para la tercera etapa: el Espíritu que revela pasó a ser el Espíritu que inspira. Versículo 13: «Esto es precisamente de lo que hablamos, no con las palabras que enseña la sabiduría humana, sino con las que enseña el Espíritu». Observen que Pablo habla en el versículo 12 de lo que «hemos recibido», y en el versículo 13 de lo que «hablamos». Quizá pueda elaborar la secuencia de sus pensamientos de la siguiente manera: «Hemos recibido estos regalos llenos de gracia de parte Dios; hemos recibido este Espíritu que nos interpreta lo que Dios ha hecho por nosotros y lo que nos ha dado; y ahora, anunciamos a otros lo que hemos recibido». El Espíritu que examina, quien reveló a los apóstoles el plan de salvación de Dios, continuó comunicando a otras personas este evangelio por medio de los mismos apóstoles. Así como el Espíritu no ocultó sus conocimientos, los apóstoles tampoco ocultaron lo que les fue revelado. Al contrario, entendieron que eran portadores de la revelación y que tenían que transmitir a los demás lo que habían recibido.

Además, lo transmitieron usando palabras, y estas se describen así: «no con las palabras que enseña la sabiduría humana, sino con las que enseña el Espíritu» (v. 13). Noten cómo se menciona al Espíritu Santo de nuevo, esta vez como el Espíritu que inspira. Pues aquí, en el versículo 13, el apóstol Pablo ofrece una aclaración respecto a «la inspiración verbal». Es decir, las palabras que usaron para proclamar el mensaje que les había sido revelado por el Espíritu, fueron las mismas palabras que el Espíritu les enseñó.

Sospecho firmemente que la razón por la que la idea de «la inspiración verbal» es mal vista en la actualidad es porque la gente la ha mal interpretado. Por ello, no se rechaza lo que realmente significa, sino una caricatura de ella. Así que, permítanme tratar de aclarar algunos conceptos equivocados respecto a ella. En primer lugar, «la inspiración verbal» no quiere decir que «cada palabra de la Biblia sea literalmente verdadera». Más bien, reconocemos plenamente que los autores bíblicos usaron diferentes géneros literarios, cada uno de los cuales debe ser interpretado según sus propias normas: la historia como historia, la poesía como poesía, la parábola como parábola, etc. Lo que es inspiración divina es el sentido natural de las palabras, según la intención del autor, ya sea literal o figurado.

En segundo lugar, «la inspiración verbal» no significa dictado verbal. Los musulmanes creen que Alá le dictó el Corán a Mahoma, y que lo hizo palabra por palabra en árabe. Los cristianos no creen esto respecto a la Biblia porque, como ya hemos visto y enfatizaremos más adelante, el Espíritu Santo trató a los autores bíblicos como personas, no como máquinas. Con algunas pocas excepciones, aquellos parecen haber estado en plena posesión de sus facultades mientras el Espíritu, por medio de sus palabras, comunicaba su Palabra.

En tercer lugar, «la inspiración verbal» no quiere decir que cada oración de la Biblia sea Palabra de Dios, incluso separada de su contexto. Ello se debe a que no todo lo que contiene la Biblia ha sido aprobado por ella. Un buen ejemplo de esto es el largo discurso de los supuestos amigos que «consuelan» a Job. El tema principal de ellos, que se repite una y otra vez, esto es, que Dios estaba castigando a Job por causa de sus pecados, era un error. En el capítulo final, Dios les dice dos veces: «lo que ustedes han dicho de mí no es verdad» (42.7-8), así que las palabras de ellos no pueden ser tomadas como palabras dichas por Dios. Estas se incluyen con el fin de ser refutadas, no convalidadas. La Palabra que la Biblia aprueba es aquella que ha sido inspirada por Dios, ya sea como instrucción, mandato o promesa.

«La inspiración verbal» significa que lo que el Espíritu Santo ha hablado y sigue hablando por medio de autores humanos (entendiéndolo según el significado simple y natural de las palabras utilizadas) es verdadero y no tiene error. No hay necesidad en lo absoluto de sentirse incómodo por esta creencia cristiana, o sentir vergüenza o preocupación por ello. Al contrario, es muy razonable ya que las palabras son unidades con las que se componen oraciones. Las palabras son las piezas fundamentales para la comunicación. Por lo tanto, es imposible formular un mensaje preciso sin construir oraciones precisas compuestas por palabras precisas.

Supongamos que solo pudiéramos usar unas pocas palabras, como en un mensaje de texto, y que quisiéramos enviar un mensaje que se entienda y no se malinterprete. Lo redactaríamos cuidadosamente, eliminaríamos una palabra por aquí, agregaríamos otra por allá, hasta pulir nuestro mensaje a nuestro agrado. Las palabras importan. Cada orador que quiere comunicar un mensaje que se entienda y no se malinterprete conoce la importancia de las palabras. Cada predicador que se esfuerza por preparar sus sermones elige sus palabras con cuidado. Cada escritor, ya sea de cartas, artículos o libros, sabe que las palabras importan. Vean lo que dijo Charles Kingsley a mediados del siglo xix: «Sin palabras, sabríamos del corazón y de los pensamientos de otra persona exactamente lo que un perro sabe de otro perro porque, si lo consideramos, siempre pensamos en palabras… sin ellas todos nuestros pensamientos serían meros anhelos ciegos, sentimientos que no podríamos entender por nosotros mismos». Por tanto, tenemos que formular nuestros pensamientos en palabras.

Esta es la declaración apostólica que el mismo Espíritu Santo, quien examina las profundidades de Dios y revela sus conocimientos a los apóstoles, comunicó por medio de los apóstoles en palabras que él mismo les dio. El Espíritu Santo habló sus palabras a través de las palabras de los apóstoles, de modo que eran tanto las palabras de Dios como las palabras de los hombres. De esto se trata la doble autoría de las Escrituras, la cual ya la hemos mencionado antes. Pero también es el significado de «la inspiración». La inspiración de las Escrituras no fue un proceso mecánico, sino más bien un proceso totalmente personal, ya que involucró a una persona (el Espíritu Santo) que se comunicaba por medio de personas (profetas y apóstoles) de manera que sus palabras eran las de ellos y, al mismo tiempo, las de ellos eran las del Espíritu.

El Espíritu que ilumina

Hemos llegado a la cuarta etapa de la obra de revelación del Espíritu Santo, y en esta parte lo describiré como el Espíritu que «ilumina». Permítanme explicarles.

¿Qué deberíamos pensar de las personas que escucharon la predicación de los apóstoles y luego leyeron sus epístolas? ¿Fueron estos abandonados a su suerte? ¿Se vieron en la necesidad de luchar al máximo por entender el mensaje apostólico? Al contrario, el mismo Espíritu que actuó en los apóstoles que escribieron las epístolas también actuó en quienes las leyeron. El Espíritu Santo estaba obrando en ambas partes, ya que inspiró a los apóstoles e iluminó a sus oyentes. Esto se haya implícito al final del versículo 13, frase complicada que ha sido interpretada de diferentes maneras. Una de las Biblias inglesas (RSV) ha traducido este versículo afirmando que el Espíritu Santo interpretaba las verdades espirituales a personas que poseen el Espíritu. No solo los autores bíblicos podían tener el Espíritu. Efectivamente, aunque su obra de inspiración en ellos fue singular, añadió la obra de interpretación que el Espíritu llevó a cabo en los creyentes.

> [...] el mismo Espíritu que actuó en los apóstoles que escribieron las epístolas también actuó en quienes las leyeron.

Los versículos 14 y 15 reafirman esta verdad y ofrecen un contraste absoluto el uno con el otro. El versículo 14 comienza refiriéndose a «el que no tiene el Espíritu» (o «el hombre natural», RV60), es decir, el que no ha experimentado la regeneración y que no es creyente. Sin embargo, el versículo 15 comienza con una referencia a «el que es espiritual», el que tiene el Espíritu Santo. Por tanto, Pablo divide a la humanidad en dos categorías bien definidas: «el hombre natural» y «el hombre espiritual», es decir, por un lado, aquellos que tienen vida natural, animal o física, y por otro, aquellos que han recibido la vida eterna o espiritual. La primera categoría carece del Espíritu Santo porque no han nacido de nuevo; por otro lado, el Espíritu Santo habita en aquellos en los que ha obrado un nuevo nacimiento. La presencia del Espíritu Santo es la marca característica del verdadero cristiano (Ro 8.9).

¿Qué diferencia hay si tenemos el Espíritu Santo o no? ¡Toda la diferencia del mundo! Especialmente para nuestro entendimiento de la verdad espiritual. La persona que no es espiritual o que no ha sido regenerada, y que no ha recibido el Espíritu Santo, tampoco recibe lo que procede del Espíritu porque es locura para ella (v. 14). Y no solo no lo entiende, sino que es incapaz de hacerlo porque «hay que discernirlo espiritualmente». Por otra parte, la persona espiritual, el cristiano nacido de nuevo en quien habita el Espíritu Santo, lo «discierne todo». Por supuesto, no es que se vuelva un ser omnisciente como Dios, sino que todas las cosas que Dios había revelado en las Escrituras y que antes no veía, ahora empiezan a tener sentido para él; logra entender lo que antes jamás había entendido, aunque él siga sin ser comprendido. El creyente «no está sujeto al juicio de nadie». Sigue siendo un enigma, ya que posee un secreto interior respecto a la vida espiritual y la verdad, las cuales carecen de sentido para los no creyentes. Pero esto no nos sorprende ya que nadie conoce la mente del Señor o es capaz de instruirlo. Y como no pueden entender la mente de Cristo, tampoco pueden entender la nuestra. Sin embargo, nosotros, que hemos sido iluminados por el Espíritu Santo, podemos atrevernos a decir que «tenemos la mente de Cristo» (v. 16), afirmación realmente asombrosa.

¿Es esto lo que han experimentado? ¿Se ha convertido la Biblia en un nuevo libro para ustedes? William Grimshaw, uno de los grandes personajes evangélicos del siglo xviii, le dijo a un amigo después de su conversión que «si Dios se hubiera llevado su Biblia al cielo y le hubiera enviado otra, esta sería algo totalmente nuevo para él». Esta Biblia sería un libro distinto. Y yo podría decir lo mismo. Antes de convertirme, yo leía la Biblia a diario porque mi madre me educó así; sin embargo, para mí era un libro en otro idioma. No tenía ni la menor idea de qué se trataba. Pero cuando nací de nuevo y el Espíritu Santo vino a morar en mí, la Biblia se convirtió inmediatamente para mí en un libro nuevo. Por supuesto que no estoy diciendo que lo haya entendido todo. Aún ahora estoy lejos de entenderlo todo. Pero empecé a entender cosas que jamás antes había entendido. ¡Qué experiencia tan maravillosa es esta! No vean la Biblia como una colección de documentos viejos y mohosos, cuyo verdadero lugar es en una biblioteca. No vean las páginas de las Escrituras como fósiles cuyo verdadero lugar se encuentra detrás de una vitrina en un museo. No lo hagan, Dios habla por medio de lo que él ya ha dicho. Por medio del antiguo texto de las Escrituras, hoy en día, el Espíritu Santo puede comunicarse con nosotros de forma clara, poderosa y personal. «El que tenga oídos, que oiga lo que el Espíritu dice» por medio de las Escrituras a las iglesias (Ap 2.7, etc.).

Pregunta para el corazón:

El autor ha escrito la verdad más emocionante de este capítulo: «Por medio del antiguo texto de las Escrituras, hoy en día, el Espíritu Santo puede comunicarse de forma clara, poderosa y personal». ¿Qué luchas experimentas para apropiarte de esta verdad?

Mi respuesta:

Dios habla, pero yo no escucho. Es poderoso con otros, pero no conmigo. Es personal, pero lo siento distante. Pero en las Escrituras, lo oigo, me fortalece y me consuela.

Tu respuesta:

____

____

Si hoy en día el Espíritu nos habla por medio de las Escrituras, quizá ustedes se pregunten: «entonces, ¿por qué no estamos de acuerdo en todo? Si el Espíritu es quien interpreta y da a conocer la revelación de Dios, ¿por qué no nos dirige a tener una misma mente? Mi respuesta a estas preguntas podría sorprenderles, de hecho, Dios nos permite estar de acuerdo en mucho más de lo que estamos en desacuerdo. Pero estaríamos aún más de acuerdo si cumpliésemos las siguientes cuatro condiciones.

Primero, *debemos aceptar la suprema autoridad de las Escrituras* y desear de corazón someternos a ellas. Entre quienes hacen esto, ya hay mucho en común. Las grandes y dolorosas diferencias que subsisten, por ejemplo, entre la Iglesia Católica Romana y las Iglesias Protestantes, se atribuyen principalmente a la continua falta de voluntad de parte de Roma para declarar que las Escrituras poseen la autoridad suprema, incluso sobre las tradiciones eclesiásticas. La postura oficial de Roma (modificada por el Concilio Vaticano ii, pero sin alteración real) sigue siendo que «Así, pues, la Sagrada Tradición y la Sagrada Escritura están íntimamente unidas y compenetradas… Por eso se han de recibir y venerar ambas con un mismo espíritu de piedad» (Dei Verbum ii, 9). Ahora, los protestantes no niegan la importancia de la tradición, y algunos de nosotros deberíamos respetarla más, ya que el Espíritu Santo ha enseñado a generaciones pasadas de cristianos y ¡nosotros no somos los primeros en haber sido instruidos por el Espíritu! Sin embargo, cuando las Escrituras y la tradición se hallan en conflicto, debemos permitir que las Escrituras reformen la tradición, tal como Jesús insistió con la «tradición de los ancianos» (cf. Mr 7.1-13).

Segundo, *debemos recordar que el propósito primordial de las Escrituras es dar testimonio de Cristo* como el todopoderoso Salvador de los pecadores. Cuando los reformadores del siglo xvi insistieron en la importancia de las Escrituras y tradujeron la Biblia para que la gente común pudiera leerla por sí misma, comprendieron que esta conducía al camino de salvación. Estos no negaron que las Escrituras contuvieran «algunos puntos difíciles de entender» (como mencionó Pedro respecto a las cartas de Pablo, en 2P 3.16); pero estaban llenos de entusiasmo por afirmar que las verdades fundamentales de la salvación eran claras para que todos las entendieran.

Tercero, *debemos aplicar principios sólidos para interpretar la Biblia*. Definitivamente, es totalmente posible tergiversar el mensaje de la Biblia para que dé a entender lo que nosotros queremos. Pero nuestra tarea es interpretar el mensaje de las Escrituras, no torcerlo. Por encima de todo, debemos buscar el sentido original según la intención del autor bíblico, y también el sentido natural, que puede ser literal o figurado, según la intención del autor. Estos son, respectivamente, los principios de la historia y la sencillez. Cuando se aplican con integridad y rigor, no terminamos controlando la Biblia, sino que sucede al revés. Y, como consecuencia, estamos más de acuerdo con otros cristianos.

Cuarto, *debemos acercarnos al texto bíblico estando conscientes de nuestros prejuicios culturales* y con el deseo de confrontarlos y cambiarlos. Si nos acercamos a las Escrituras con la orgullosa premisa de que todas nuestras creencias y prácticas son correctas, solo encontraremos en la Biblia lo que querremos encontrar, es decir, la cómoda confirmación del statu quo. Como resultado, también nos encontraremos en un fuerte desacuerdo con aquellos que se acerca a las Escrituras con distintos trasfondos y convicciones, y confirmaremos nuestros desacuerdos. Probablemente no hay una fuente de discordia más común que esta. Solo cuando somos lo suficientemente valientes y humildes como para permitir que el Espíritu de Dios por medio de su Palabra cuestione de manera radical nuestras opiniones más preciadas, encontraremos una unión renovada a través de un entendimiento renovado.

El «discernimiento espiritual» que el Espíritu Santo nos promete no se opone a estas cuatro condiciones básicas, sino más bien presupone que las aceptemos y cumplamos.

Conclusión

Hemos visto los cuatro papeles del Espíritu Santo, el Espíritu examina, revela, inspira e ilumina. Estas son las cuatro etapas de su ministerio de enseñanza:

- Primero, el Espíritu examina las profundidades de Dios y conoce sus pensamientos.
- Segundo, el Espíritu reveló su conocimiento a los apóstoles.
- Tercero, el Espíritu compartió por medio de los apóstoles lo que les había revelado, y lo hizo con palabras que él mismo proveyó.
- Cuarto, el Espíritu iluminó las mentes de los oyentes para que puedan discernir lo que él había revelado a los apóstoles y por medio de ellos y, en el presente, continúa con esta obra de iluminación en aquellos que están dispuestos a recibirla.

A continuación, dos lecciones breves y sencillas mientras vamos terminando. La primera es sobre *nuestra percepción del Espíritu Santo*. Hoy en día hay mucha discusión en torno a la persona y la obra del Espíritu, y este es solo uno de los muchos pasajes de la Biblia que hablan de él. Pero permítanme preguntarles lo siguiente: ¿Hay espacio para este pasaje en su doctrina del Espíritu Santo? Jesús lo llamó «el Espíritu de verdad». Así que la verdad es muy importante para el Espíritu Santo. Sí, lo sé, también es Espíritu de santidad, Espíritu de amor, y Espíritu de poder, pero ¿es para ustedes el Espíritu de verdad? Según los versículos que hemos estado estudiando, al Espíritu le interesa profundamente la verdad. La busca, la ha revelado y la ha compartido, e ilumina nuestras mentes para que la entendamos. Queridos amigos, ¡jamás denigren la verdad! ¡Jamás desprecien la teología! ¡Jamás menosprecien su mente! Si lo hacen, contristan al Espíritu de verdad. Este pasaje debería afectar nuestra percepción del Espíritu Santo.

> [...] los cuatro papeles del Espíritu Santo, el Espíritu examina, revela, inspira e ilumina.

La segunda es sobre *nuestra necesidad del Espíritu Santo*. ¿Desean crecer en su conocimiento de Dios? Desde luego que sí. ¿Desean crecer en su comprensión de la sabiduría de Dios y de todo su propósito respecto a hacernos un día como Cristo en gloria? Desde luego que sí. Yo también lo deseo. Por lo tanto, necesitamos que el Espíritu Santo, el Espíritu de verdad, ilumine nuestro entendimiento. Para ello necesitamos nacer de nuevo. A veces me pregunto si la razón por la que hoy en día algunos teólogos seculares hablan y escriben, si se me permite decirlo, semejantes tonterías (me refiero, por ejemplo, a cuando niegan algún aspecto del carácter de Dios y la deidad de Jesús) es porque no han nacido de nuevo. Es posible ser teólogo y no haber nacido de nuevo. ¿Será esa la razón por la que aquellos no disciernen estas maravillosas verdades de las Escrituras? Las Escrituras se disciernen espiritualmente, así que necesitamos acercarnos a ellas con humildad, reverencia y expectativa. Debemos reconocer que a menos que el Espíritu Santo nos muestre las verdades reveladas en la Biblia y abra nuestras mentes a ellas, estas seguirán ocultas. Ya que Dios las esconde de los sabios e inteligentes, y se las revela solo a los «niños», a aquellos que se acercan a él con humildad y reverencia. Así pues, antes que los predicadores nos preparemos, antes que una congregación escuche, antes que una persona o un grupo de personas lean la Biblia, en estas situaciones, debemos orar por la iluminación del Espíritu Santo: «Ábreme los ojos, para que contemple las maravillas de tu ley» (Sal 119.18). Y así lo hará.

> [...] necesitamos que el Espíritu Santo, el Espíritu de verdad, ilumine nuestro entendimiento.

Pregunta para las manos:

El autor te invita a «nacer de nuevo». Escribe una corta oración pidiendo que el Espíritu te muestre las verdades reveladas en la Biblia.

Mi respuesta:

Señor la vida consiste en múltiples pequeños nacimientos. Hoy permíteme ver como tú ves. Que tu Espíritu abra mis ojos para encontrar a Jesús en las Escrituras.

Tu respuesta:

Apuntes del predicador

A partir de la declaración de John Stott al inicio de este capítulo: «Todos los cristianos sabemos que la Santa Biblia y el Espíritu Santo tienen algo que ver entre sí…», ¿cuáles son sus repuestas a las siguientes preguntas?

1. ¿Cuál es el papel que juega el Espíritu Santo en el proceso de *la elaboración* del sermón?

____

____

____

____

2. ¿Cuál es el papel que juega el Espíritu Santo *durante la predicación*?

____

____

____

____

3. ¿Cuál es el papel que juega el Espíritu Santo *después de la predicación*?

____

____

____

____

4. ¿Podrías completar el bosquejo del sermón, con base en el manuscrito que has leído en este capítulo?

    Título: El Espíritu Santo y la Biblia
    Texto bíblico:

    ____

    Introducción:

    ____

    ____

    ____

    ____

    Puntos principales:

    ____

    ____

    ____

    ____

    Conclusión:

    ____

    ____

    ____

    ____

    ____

    ____

5. ¿Pudieras resumir en una frase o párrafo corto, «la idea o principio teológico» que el autor desarrolla a lo largo de su sermón?

    ____

    ____

    ____

    ____

6. Cómo predicarías este sermón a tus propios oyentes y en
    tu contexto?

____

____

____

____

____

____

____

Capítulo 4

La iglesia
y la Biblia

Hasta el momento nos hemos dedicado a desarrollar un estudio trinitario: *Dios* es el autor, *Cristo* es el tema principal y el testigo perfecto, y el *Espíritu Santo* es quien da a conocer el gran proceso de la revelación. Ahora hablaremos de la iglesia.

¿Qué piensan ustedes sobre la iglesia? Probablemente, su respuesta dependerá de si están pensando en el aspecto ideal o en el real. En el ideal, la iglesia es la más maravillosa nueva creación de Dios. Ella es el nuevo pueblo de Jesús, que disfruta de una armonía multirracial, multinacional y multicultural, única en la historia y en la sociedad contemporánea. Incluso, la iglesia es la «nueva humanidad», precursora de una raza humana redimida y renovada; son personas que pasan sus vidas en la tierra (como también pasarán la eternidad) amando y sirviendo a Dios y al prójimo. ¡Qué noble y hermoso ideal! Sin embargo, en la realidad, la iglesia somos nosotros, es decir, (perdónenme la redacción) una multitud de cristianos pecadores, falibles, conflictivos, necios y superficiales que siempre están lejos del ideal de Dios, y a menudo ni siquiera se le acercan.

Ahora, ¿cuál es la razón de esta brecha entre el ideal y la realidad? ¿Por qué la iglesia se encuentra en una condición tan terrible en todo el mundo? ¿Por qué está tan débil, dividida y que logra tan poco impacto en el mundo por Cristo? Estoy seguro de que hay muchas razones, pero creo que la razón más abrumadora es lo que Amós llamó «hambre de oír las palabras de Dios» (Am 8.11), o en el lenguaje moderno, un desinterés por la Biblia. La diversa infidelidad de la iglesia se debe a su infidelidad primordial a la auto revelación de Dios en las Escrituras. El Dr. Martyn Lloyd-Jones estaba en lo cierto cuando dijo en su libro, *Preaching and Preachers* (La predicación y los predicadores), que «las eras y periodos decadentes de la historia de la iglesia siempre han sido aquellos en los que la predicación ha disminuido». En otras palabras, la iglesia permanece enferma y débil cada vez que rechace la medicina curativa y el alimento saludable de la Palabra de Dios.

A continuación, consideraremos dos pasajes que usan una metáfora arquitectónica.

En Efesios 2.20, la iglesia, la cual acaba de ser definida como «familia de Dios» (v. 19), también se describe como conciudadanos de los santos «edificados sobre el fundamento de los apóstoles y los profetas, siendo Cristo Jesús mismo la piedra angular». Es decir, la enseñanza de los autores bíblicos es el fundamento sobre el cual la iglesia está construida, y Jesucristo es la piedra angular que lo sostiene todo.

En 1 Timoteo 3.15 la metáfora es al revés. Luego de describir a la iglesia como la «casa de Dios», ahora Pablo la llama «columna y fundamento de la verdad».

En el primer pasaje vemos que la *verdad* es el fundamento y la *iglesia* es el edificio que sostiene, mientras que, en el segundo pasaje, el fundamento es la *iglesia*, y el edificio que sostiene es la *verdad*.

Me pareció oír a alguien decir: «bueno, ahí tiene, se lo dije, la Biblia está llena de contradicciones». ¿Es eso cierto? Esperen un momento. Ambos versículos fueron escritos por un mismo hombre: el apóstol Pablo. Démosle crédito por esta tan poca consistencia lógica. Para entender lo que el autor pretende decir por medio de la figura retórica que utiliza, tenemos que preguntarnos en qué momento se establece la analogía. Cuando aplicamos este principio a estos dos pasajes, encontramos (como era de esperarse) que estos se complementan de manera hermosa.

Se preguntarán cómo es que la verdad puede ser el fundamento de la iglesia y, al mismo tiempo, la iglesia el fundamento de la verdad. Bueno, permítanme darles la respuesta. Lo que Pablo afirma en Efesios 2.20 es que la iglesia depende de la verdad para existir. La iglesia se basa en la enseñanza de los apóstoles y profetas, y sin sus enseñanzas (que ahora aparecen en las Escrituras) la iglesia no podría existir, sobrevivir, ni mucho menos crecer. Pero de acuerdo con 1 Timoteo 3.15 la verdad depende de la iglesia para su defensa y propagación. La iglesia ha sido llamada a servir a la verdad, afirmándola contra cualquier ataque y sosteniéndola en alto ante los ojos del mundo. Por lo tanto, *la iglesia necesita de la Biblia* porque ha sido edificada sobre ella. Y *la iglesia sirve a la Biblia* afirmándola y dándola a conocer. Estas son dos verdades complementarias que entraremos a profundizar.

Pregunta para la cabeza:
«La iglesia necesita de la Biblia y la iglesia sirve a la Biblia».
¿Cómo explicarías en tus propias palabras esta relación?
Mi respuesta:
La iglesia está fundada sobre la Roca que es Cristo y su Palabra. A su vez, la iglesia tiene como misión prioritaria la predicación del Evangelio cuyo corazón es Cristo.
Tu respuesta:

La iglesia necesita de la Biblia

La iglesia depende de la Biblia de diversas maneras. Permítanme darles algunos ejemplos.

a) *La Biblia creó la iglesia*

Esta declaración podría confundirnos si no la aclaramos. Incluso, podría ser considerada errónea. Ya que es cierto que la iglesia del Antiguo Testamento, como pueblo de Dios, existió durante siglos mucho antes de que la Biblia estuviera completa y la iglesia del Nuevo Testamento también existió durante mucho tiempo antes de que el canon del Nuevo Testamento se finalizara, y más aún de que se imprimiera la primera Biblia. Además, se podría decir acertadamente que la iglesia del primer siglo «dio forma» al Nuevo Testamento, ya que la comunidad cristiana participó determinando el modo en el que las palabras y obras de Jesús serían registradas. Por lo tanto, la iglesia fue el lugar en el que la Biblia fue escrita y atesorada. Estoy de acuerdo con todas estas declaraciones. Sin embargo, lo repito, se puede decir que la Biblia creó la iglesia. O, más acertadamente, la Palabra de Dios (que ahora se encuentra escrita en la Biblia) creó la iglesia. Porque, ¿cómo nació la iglesia cristiana? Respuesta: por la predicación de los apóstoles, que no hablaron en el nombre de la iglesia, sino en el nombre de Cristo.

En el Pentecostés, el testimonio profético del Antiguo Testamento fue añadido por medio del testimonio del apóstol Pedro. Este proclamó a Jesús como el Mesías y Señor, el Espíritu Santo confirmó sus palabras con poder, y el pueblo creyente de Dios se convirtió en el cuerpo de Cristo lleno del Espíritu. Dios mismo realizó este increíble acto por su Espíritu por medio de su Palabra. Además, también continuó honrando la predicación de los apóstoles. Pablo también dio testimonio de Cristo en sus famosos viajes misioneros. Este argumentaba que el testimonio de los apóstoles, los testigos oculares, concordaban plenamente con las Escrituras del Antiguo Testamento. Muchas personas escucharon, se arrepintieron, creyeron y fueron bautizadas, por lo que se plantaron iglesias en todo el Imperio Romano. ¿Cómo? Por la Palabra de Dios. Esta Palabra de Dios (el testimonio de los profetas y los apóstoles) que fue proclamada en el poder del Espíritu creó la iglesia. Y aún lo sigue haciendo. La iglesia ha sido edificada sobre ese fundamento. Y cuando se determinó el canon del Nuevo Testamento, la iglesia no les dio autoridad a estos documentos, sino que sencillamente reconoció la autoridad que estos ya poseían. ¿Por qué? Porque estos documentos eran «apostólicos» y contenían las enseñanzas de los apóstoles del Señor.

Por estas razones, podemos decir con certeza que la Biblia (es decir, la Palabra escrita de Dios en la Biblia) creó y crea la iglesia.

b) La Biblia sostiene a la iglesia

El Creador siempre sostiene lo que ha creado, y como él ha creado la iglesia, la sostiene. Es más, al crearla por su Palabra, la sostiene y la alimenta con su Palabra. Si es verdad que, como Jesús dijo al citar Deuteronomio (Mt 4.4; cf. Dt 8.3), «no solo de pan vive el hombre, sino de toda palabra que sale de la boca de Dios», la misma verdad se aplica a las iglesias, ya que no pueden crecer sin la Palabra. La iglesia necesita escuchar constantemente la Palabra de Dios. Por esta razón, la predicación es fundamental en los cultos. La predicación no es una intrusión en los cultos, sino más bien es indispensable para ellos. El culto que le rendimos a Dios siempre sucede como

> La predicación no es una intrusión en los cultos, sino más bien es indispensable para ellos. El culto que le rendimos a Dios siempre sucede como respuesta luego de escuchar su Palabra.

respuesta luego de escuchar su Palabra. Por ello, es bueno, por ejemplo, que en los cultos de la iglesia haya momentos intercalados entre Palabra y adoración.

Primero, Dios habla su Palabra (por medio de versículos, pasajes y la exposición de las Escrituras), y luego las personas responden a ella por medio de la confesión, la fe, la alabanza y la adoración. La congregación cristiana solo madura en Jesucristo cuando escucha, recibe, cree, asimila y obedece la Palabra de Dios.

c) La Biblia guía a la iglesia

Los cristianos son peregrinos en el camino hacia el hogar eterno. Estos están de paso por una tierra árida, desolada, hostil y oscura. Estos necesitan dirección para el camino, y Dios la ha proporcionado. «Tu palabra es una lámpara a mis pies; es una luz en mi sendero» (Sal 119.105). Estoy totalmente de acuerdo en que la «hermenéutica» (el ejercicio de interpretación de las Escrituras) es un trabajo complicado. Las Escrituras no nos dan respuestas específicas a los problemas complejos del siglo xxi. Tenemos que esforzarnos por entender el texto bíblico, tanto su significado como su aplicación, y debemos hacerlo con oración, diligencia y comunión con los demás. Sin embargo, los principios que necesitamos para nuestra guía se encuentran en la Biblia y juntos, por medio del Espíritu Santo, podemos descubrir cómo aplicarlos a nuestras vidas en el mundo.

d) La Biblia reforma a la iglesia

Lamentablemente, en cada siglo, incluyendo el nuestro, la iglesia se ha desviado en algún aspecto de la verdad de Dios y de sus normas morales. Como escribió el antiguo político y misionero Max Warren, la historia de la iglesia es «una historia dulce y amarga» en la que el hecho más destacado es la infinita paciencia que Dios demuestra tener para con su pueblo. Entonces, si la iglesia está en constante desviación,

¿cómo es que se puede reformar? Repuesta: solo por la Palabra de Dios. El mayor avivamiento en la historia de la iglesia en el mundo fue la Reforma del siglo xvi y se debió, principalmente, a que recuperaron el mensaje de la Biblia.

e) La Biblia une a la iglesia

Toda consciencia cristiana debería sufrir malestar por la desunión que existe en la iglesia. Espero que no nos hayamos acostumbrado a ello. La unidad de la iglesia es sin duda un propósito adecuado para el esfuerzo del cristiano (aunque no todos estamos de acuerdo en la forma exacta que debería tomar). Pero ¿cuál es la razón principal de nuestra continua falta de unidad? Esta se debe a que no todos estamos de acuerdo en temas en torno a la autoridad. Mientras las iglesias sigan sus propias tradiciones y especulaciones, la iglesia universal seguirá dividiéndose. Cuando las iglesias confiesen la autoridad suprema de las Escrituras y su única suficiencia para la salvación, y se decidan a juzgar sus tradiciones por las enseñanzas de la Palabra, entonces se abrirá el camino para que encuentren la unidad en la verdad. La Biblia une a la iglesia cuando esta se somete a ella.

f) La Biblia aviva a la iglesia

Anhelamos un avivamiento, aquella visita de parte de Dios que es especial, inusual y supernatural, y que hace que toda la comunidad sea consciente de su presencia viva y santa.

Los pecadores son conscientes de su condena, los que se arrepienten experimentan una conversión,

> Los pecadores son conscientes de su condena, los que se arrepienten experimentan una conversión, los reincidentes logran el perdón y la restauración, los enemigos se reconcilian, los creyentes viven una transformación y las iglesias muertas vuelven a la vida.

los reincidentes logran el perdón y la restauración, los enemigos se reconcilian, los creyentes viven una transformación y las iglesias muertas vuelven a la vida. Pero ¿cómo se da el avivamiento? Solo por la obra soberana del Espíritu Santo de Dios. Y, ¿qué usa el Espíritu Santo? Usa su Palabra. La Palabra de Dios es «la espada del Espíritu» (Ef 6.17; cf. Heb 4.12) que él usa para obrar en el mundo. Nunca separen el Espíritu de Dios de la Palabra de Dios, porque cuando el Espíritu Santo usa esta arma bajo su poder soberano, produce remordimiento de consciencia, corta las raíces cancerosas del cuerpo de Cristo y expulsa al diablo. Es la Biblia la que aviva a la iglesia.

> La Biblia es indispensable para la vida, el crecimiento, el cuidado, la dirección, la reforma, la unidad y la renovación de la iglesia. La iglesia no puede existir sin la Biblia.

¿Están ustedes convencidos de ello? Espero que sí. *La iglesia necesita de la Biblia*. La iglesia depende de la Biblia. La iglesia está edificada sobre el fundamento de los apóstoles y los profetas. La Biblia es indispensable para la vida, el crecimiento, el cuidado, la dirección, la reforma, la unidad y la renovación de la iglesia. La iglesia no puede existir sin la Biblia.

Esto nos dirige a una segunda verdad complementaria: si la iglesia necesita de la Biblia, la Biblia también necesita de la iglesia. Si la iglesia depende de la Biblia, la Biblia también depende de la iglesia. Porque la iglesia ha sido llamada a servir a la Biblia protegiendo y anunciando su mensaje.

Pregunta para las manos:

¿De qué maneras concretas podrías como pastor, líder, o miembro ayudar a propiciar un avivamiento a tu iglesia local?

Mi respuesta:
Situando la predicación de la Palabra de Dios en el centro de la misión de la iglesia, formando expositores bíblicos, y comprometiéndome con el estudio serio de las Escrituras.
Tu respuesta:

La iglesia sirve a la Biblia

Si bien Dios habló su Palabra por medio de los profetas y los apóstoles, esta tenía que ser recibida y puesta por escrito. Hoy en día la Biblia aún necesita ser traducida, impresa, distribuida, predicada, defendida, difundida, televisada y representada. De esta y otras maneras es que la iglesia sirve a la Biblia, protegiéndola y anunciándola.

Esto explica por qué Pablo escribió en 1 Timoteo 3.15 que la iglesia es «columna y fundamento de la verdad». Ambas palabras son ilustrativas. Por un lado, la iglesia es el fundamento (o muro de contención) de la verdad, y por el otro, es la columna de la verdad. Los fundamentos y los muros de contención mantienen un edificio firme, mientras que las columnas sujetan el edificio y lo proyectan hacia arriba para que la gente lo vea. Esto requiere un esfuerzo apologético y evangelístico de parte de la iglesia. Porque, como fundamento o muro de contención de la verdad, la iglesia debe mantener la Palabra firme y debe defenderla de los herejes, para que la verdad prevalezca segura e inamovible. Pero, como columna de la verdad, la iglesia debe sujetar la Palabra y hacerla visible al mundo, para que las personas puedan verla y creer. Así que la Biblia necesita que la iglesia la *proteja* y la *anuncie*.

Para ambas responsabilidades, hay una necesidad urgente. Por un lado, la herejía está ganando terreno en la iglesia. Hay falsos maestros que niegan la infinita y amorosa naturaleza del Dios Todopoderoso, y otros que niegan la deidad de nuestro Señor Jesucristo y la autoridad de la Biblia. Estos herejes parecen ser cada vez más, y difunden sus peligrosas ideas por medio de libros y sermones, tanto por la radio como por la televisión. Por tanto, la verdad necesita columnas, es decir, eruditos cristianos que dediquen sus vidas a lo que Pablo llamó vivir «defendiendo y confirmando el evangelio» (Fil 1.7). ¿Está llamando Dios a algún joven teólogo que lee estas palabras a ser una columna de la verdad en la iglesia, a sostenerla y a defenderla contra la herejía y la confusión? ¡Qué tremenda vocación! La iglesia debe proteger y mostrar la verdad.

Al mismo tiempo, la iglesia ha sido llamada a evangelizar en todo el mundo. Existen millones de personas en el mundo que jamás han oído hablar de Jesús, y muchas más que, habiendo oído de él, no han creído. «¿Y cómo oirán si no hay quien les predique?» (Ro 10.14). La iglesia necesita evangelistas innovadores que desarrollen nuevas formas de llevar el evangelio a áreas cerradas, especialmente al mundo islámico y secular, porque la iglesia es columna de la verdad. Por tanto, debemos proclamarla y darla a conocer, para que otros puedan ver su belleza y suficiencia, y aceptarla.

Pregunta para el corazón:

¿Te ha llamado Dios a ser una «columna de la verdad» por medio de la predicación y la enseñanza de la Biblia?

Si tu respuesta es sí, comparte tu testimonio personal.

Conclusión

La iglesia necesita de la Biblia y la Biblia necesita a la iglesia. Esas son las verdades complementarias que Pablo expresó en sus dos declaraciones. La iglesia no podría sobrevivir sin la Biblia y la Biblia difícilmente podría sobrevivir sin una iglesia que la proteja y la proclame. Ambas se necesitan. La Biblia y la iglesia son gemelos inseparables. Ahora que comprendemos lo anteriormente explicado, les daré tres exhortaciones.

Primero, exhorto a los *pastores cristianos* a tomar más en serio la predicación. Nuestro llamado consiste en estudiar y exponer la Palabra de Dios, y conectarla con el mundo moderno. La salud de cada congregación depende principalmente de la calidad de su ministerio de predicación. Esto podría sorprenderlos. Por supuesto que sé que los miembros de la iglesia pueden madurar conforme a Cristo a pesar de sus pastores, e incluso cuando sus pastores son malos y negligentes. Esto es porque pueden orar y leer las Escrituras solos y con amigos, y hoy en día tenemos disponible buenos y valiosos recursos que complementan la enseñanza. Sin embargo, el Nuevo Testamento indica que el propósito de Dios es que los pastores cuiden a su pueblo, y que proclamen a Cristo

> La salud de cada congregación depende principalmente de la calidad de su ministerio de predicación.

por medio de las Escrituras, mostrando la gloria de su persona y su obra, de manera que la adoración de la congregación, su fe y su obediencia provenga de la Palabra. Por ese motivo me atrevo a decir que, la mayoría de las veces, las bancas son el reflejo del púlpito, y que por lo general las bancas no pueden superar al púlpito. Entonces, queridos colegas pastores, ¡dispongámonos para esta tarea primordial!

Segundo, exhorto a los *creyentes* a no solo estudiar sus Biblias, solos o en grupos, sino también a exigirles (no es una palabra lo suficientemente fuerte) a sus pastores una predicación bíblica y fiel. Permítanme decirlo así: el ministerio que reciben es el ministerio que merecen, y el ministerio que merecen es el ministerio que exigen. Los laicos tienen mucho más poder en las iglesias de lo que creen. Estos van a una iglesia en la que casi nunca se predica la Biblia, y de manera pasiva lo aceptan sin hacer nada al respecto. Puede que haya momentos en los que ustedes necesiten tener el valor para reprender a sus pastores porque perciben que no son diligentes en su estudio de la Palabra ni en la fidelidad de su exposición. Pero no solo regáñenlos, sino también anímenlos y oren por ellos. Liberen a sus pastores de las cargas administrativas. La supervisión pastoral también debe ser compartida por los líderes de la congregación. Todas las generaciones necesitan volver a aprender la lección de Hechos 6, en la que los apóstoles se negaron a desviarse de la predicación a la cual Cristo los había llamado. Estos delegaron ciertas tareas sociales y administrativas para dedicarse «a la oración y al ministerio de la palabra» (Hch 6.1-4). Los dirigentes de la congregación son los que pueden lograr que dicha prioridad se mantenga hoy en día.

> [...] cuando oigamos la voz de Dios nuevamente, la iglesia logrará renovarse, reformarse y avivarse, y se convertirá en lo que Dios siempre quiso que fuera: luz resplandeciente que brilla en la oscuridad que nos rodea.

Tercero, deseo exhortar a los *padres cristianos*. Enséñenles la Biblia a sus hijos. No le entreguen esta responsabilidad a la iglesia o al colegio; háganlo ustedes mismos, para que sus hijos, como Timoteo, conozcan las Sagradas Escrituras desde su niñez (2Ti 3.15). Si ustedes cumplen con esta responsabilidad, la próxima generación de dirigentes de la iglesia comprenderá (como no siempre parece hacerlo la generación actual) el lugar indispensable de la Biblia en la iglesia.

Así que consagremos la Biblia en el hogar y en la iglesia, no porque la adoremos, sino porque Dios nos habla por medio de ella. Entonces, cuando oigamos la voz de Dios nuevamente, la iglesia logrará renovarse, reformarse y avivarse, y se convertirá en lo que Dios siempre quiso que fuera: luz resplandeciente que brilla en la oscuridad que nos rodea.

Apuntes del predicador

En este capítulo John Stott aborda la relación entre la iglesia y la Biblia y sostiene que en un sentido la una no existiría sin la otra. Teniendo en cuenta esa relación vital, ¿cómo responderías las siguientes preguntas?

1. ¿Qué es para ti la iglesia?

    ____

    ____

2. ¿Estás de acuerdo con la descripción que hace Stott de la iglesia real? ¿Cómo describirías la condición de tu iglesia local?, ¿la iglesia en tu nación?, ¿en América Latina?

    ____

    ____

    ____

3. ¿Cuál es el papel que juega la predicación en la declaración del autor «La Biblia sostiene a la iglesia»?

    ____

    ____

    ____

4. ¿Te sientes aludido en alguna o todas las exhortaciones finales del capítulo, ya sea como pastor, padre o miembro de una iglesia? (Amplía tu respuesta).

    ____

    ____

    ____

5. ¿Cómo predicarías hoy en tu propio contexto un sermón basado en el bosquejo de la predicación que has leído en este capítulo?

____

____

____

6. Podrías completar el bosquejo del sermón expuesto en este capítulo?

> *Título:* La iglesia y la Biblia
> *Textos bíblicos:*
> *Introducción:*

____

____

> *Puntos principales:*

____

____

____

> *Puntos secundarios:*

____

____

____

> *Conclusión:*

____

____

____

7. ¿Cómo expresarías de manera creativa y contextual, en una frase, la idea central de este capítulo (mensaje)?

____

____

____

Capítulo 5

El cristiano y la Biblia

Permítanme resumirles lo que hemos estado viendo. Estuvimos meditando en:

- «Dios y la Biblia» porque él es el autor;
- «Cristo y la Biblia» porque él es el tema principal;
- «El Espíritu Santo y la Biblia» porque él es quien revela el mensaje;
- «La iglesia y la Biblia» porque la iglesia está construida en ella y ha sido llamada a guardar sus tesoros y darlos a conocer.

Ahora, concluiremos en algo más personal e individual: «el cristiano y la Biblia».

Estoy totalmente seguro de que la Biblia es indispensable para la salud y el crecimiento de cada cristiano. Los cristianos que actúan con negligencia respecto a la Biblia simplemente no maduran. Cuando Jesús citó de Deuteronomio que no solo de pan vive el hombre, sino de la Palabra de Dios, se refería a que la Palabra de Dios es tan necesaria para la salud espiritual como la comida lo es para la salud del cuerpo.

> [...] la Palabra de Dios es tan necesaria para la salud espiritual como la comida lo es para la salud del cuerpo.

En este momento no estoy pensando en aquellos cristianos que no tienen la Biblia disponible en su idioma, ni en los analfabetos que pueden tener la Biblia en su idioma, pero no pueden leerla por sí mismos. Para comprender mejor, dichas personas no están totalmente privadas del alimento de la Palabra de Dios, ya que todavía pueden recibir la Palabra de parte de un pastor, un misionero, un pariente o un amigo. Sin embargo, debo decir que a mi parecer sus vidas como creyentes se verían más enriquecidas si pudieran tener acceso directo a las Escrituras, por ello se ha hecho un trabajo heroico para que la Biblia sea traducida a los distintos idiomas del mundo. En este punto, no estoy pensando en aquellos casos. Sino más bien en los cristianos que sí tienen la Biblia en su idioma. Nuestro problema no es que la Biblia no esté disponible para nosotros, sino que no aprovechamos su disponibilidad. Necesitamos leer la Palabra y meditar en ella diariamente, estudiarla con un grupo de amigos y escucharla en los cultos dominicales, sino no creceremos. El crecimiento hacia la madurez en Cristo depende de nuestra familiaridad con la Biblia y que recibamos con fe su contenido.

Me gustaría tratar de responder la pregunta que quizá se pregunten: ¿cómo y por qué la Biblia nos permite crecer? He elegido la historia que se encuentra en Juan 13, en donde Jesús les lava los pies a sus discípulos, para ilustrarles la eficacia de este medio de gracia. Cuando Jesús había terminado, se puso el manto y volvió a su lugar, inmediatamente se identificó a sí mismo como maestro de ellos: «Ustedes me llaman Maestro y Señor, y dicen bien, porque lo soy» (v. 13). La idea es clara, al lavarles los pies, Jesús les estaba enseñando ciertas verdades y lecciones que quería que aprendieran. Podríamos sacar tres.

a) Jesús les enseñaba respecto a sí mismo

Las acciones de Jesús fueron una parábola intencional de su misión. Al parecer Juan había entendido esto, ya que presenta el incidente con las siguientes palabras: «Sabía Jesús… que había salido de Dios y a él volvía; así que se levantó de la mesa…» (vv. 3-4). Es decir, sabiendo estas cosas, Jesús las interpretó. Tal vez el mejor comentario es Filipenses 2, que desarrolla las etapas de la humillación de Jesús antes de que fuera exaltado hasta lo sumo. Así que, Jesús «se levantó de la mesa», como se levantó de su trono celestial. «Se quitó el manto», como dejó de lado su gloria y se despojó a sí mismo. Y «se ató una toalla a la cintura» (el símbolo de la servidumbre), como tomó la forma de siervo en su encarnación. Luego, empezó a «lavarles los pies a sus discípulos y a secárselos con la toalla», como cuando fue a la cruz para asegurar nuestra limpieza del pecado. Después de ello, «se puso el manto y volvió a su lugar», de la misma manera en la que regresó a su gloria celestial y se sentó a la diestra del Padre. Con estas acciones, Jesús representaba toda su vida en la tierra. Les estaba enseñando respecto a sí mismo, quién era, de dónde venía y adónde iba.

b) Jesús les enseñaba respecto a su salvación

Jesús le dijo a Pedro: «Si no te los lavo, no tendrás parte conmigo» (v. 8). En otras palabras, el perdón de pecados es necesario para poder disfrutar de la comunión con Jesucristo. Hasta que hayamos sido lavados y a menos que esto suceda, no podremos tener una relación con él. De un modo más claro, Jesús distinguió entre dos tipos de lavamiento: por un lado, el baño y, por el otro, el lavamiento de pies. Los apóstoles ya estaban familiarizados con esta diferencia. Antes de visitar la casa de algún amigo, estos se bañaban. Luego, al llegar a la casa de algún amigo, un sirviente les lavaba los pies. Ya no era necesario que se bañen de nuevo, sino solo que se laven los pies. Jesús parece haber usado esta conocida distinción cultural para enseñar una distinción teológica menos conocida: cuando acudimos a él por primera vez, arrepentidos y con fe, recibimos un baño y lavamiento total. Teológicamente a esto se le llama «justificación» o «regeneración», y cuyo símbolo es el bautismo. Luego, cuando siendo cristianos caemos en pecado, ya no necesitamos otro baño (es imposible que se nos justifique o se nos bautice dos veces) sino que necesitamos un lavamiento de pies; es decir, la limpieza del perdón diario. Por tanto, Jesús dice en el versículo 10: «el que ya se ha bañado no necesita lavarse más que los pies… pues ya todo su cuerpo está limpio».

c) *Jesús les enseñaba respecto a su voluntad*

Antes de sentarse para la cena en el aposento alto, los apóstoles habían estado discutiendo sobre quién de ellos sería el más importante. Estaban tan preocupados con sus dudas respecto al orden de prioridad que se sentaron a comer sin haberse lavado. Es evidente que no había ningún siervo para lavarles los pies, y que no se les ocurrió que alguno de ellos podía hacer ese humilde trabajo para los demás. Por ello, durante la cena, Jesús hizo lo que ninguno se habría humillado a hacer. Y, cuando terminó, les dijo: «Pues si yo, el Señor y el Maestro, les lavé los pies, ustedes también deben lavarse los pies unos a otros. Porque les he dado ejemplo, para que como yo les he hecho, también ustedes lo hagan. En verdad les digo, que un siervo no es mayor que su señor… Si saben esto, serán felices si lo practican» (vv. 14-17). Nuestro Señor se humilló a sí mismo para servir, y su voluntad es que hagamos lo mismo que él hizo.

> Nuestro Señor se humilló a sí mismo para servir, y su voluntad es que hagamos lo mismo que él hizo.

He aquí tres lecciones que Jesús quiso enseñar de este incidente: primero, respecto a su *persona* (que había venido de Dios e iba a Dios), segundo, respecto a su *salvación* (que luego del baño de la justificación no necesitamos más que lavar nuestros pies) y tercero, respecto a su *voluntad* (que debemos lavarnos los pies unos a otros, es decir, expresar nuestro amor unos con otros sirviéndonos con humildad. O, dicho de otra manera, nos enseñó tres lecciones que requerían tres respuestas: al darles la revelación de su persona, les pedía que lo *adoren*; al darles la promesa de salvación, les pedía que *confíen* en él; al darles el mandamiento de amarse y servirse unos a otros, les pedía que lo *obedezcan*.

Entonces, me parece correcto decir que toda la enseñanza bíblica puede dividirse en estas tres categorías, y requiere estas tres respuestas, pues a lo largo de las Escrituras hay:

- revelaciones de Dios que exigen que lo adoremos,
- promesas de salvación que exigen que tengamos fe en él,
- mandamientos sobre nuestro deber que exigen que lo obedezcamos.

Luego de haber visto como ejemplo el momento en el que Jesús lavó los pies de sus discípulos, observemos este triple patrón un poco más a fondo.

Las revelaciones de Dios

La Biblia es la auto revelación de Dios, una autobiografía divina. En la Biblia, Dios habla sobre sí mismo. Se da a conocer de manera progresiva según la abundante variedad de su ser: como el Creador del universo y de todo ser humano según su imagen, el clímax de su creación; como el Dios viviente, que sostiene y da vida a todo lo que ha hecho; como el Dios de pactos, que eligió a Abraham, Isaac, Jacob y a sus descendientes para que fueran su pueblo; como el Dios de gracia, que es lento para la ira y grande en misericordia, pero que también es Dios justo que castiga la idolatría y la injusticia en su pueblo y en las naciones paganas. En el Nuevo Testamento, se da a conocer como el *Dios y Padre de*

> Es imposible leer la Biblia con un corazón dispuesto y no adorar al Padre, pues la Palabra de Dios nos lleva a hacerlo.

nuestro Señor Jesucristo, quien envió a Jesús al mundo como hombre, a nacer y crecer, vivir y enseñar, trabajar y sufrir, morir y resucitar, ocupar el trono y enviar al Espíritu Santo; luego se da a conocer como *el Dios de la comunidad del nuevo pacto* (la iglesia) quien envía a su pueblo al mundo para que sean testigos y siervos suyos según el poder del Espíritu Santo; y finalmente, se da a conocer como *el Dios que un día enviará a Jesucristo con poder y gloria* a salvar, juzgar y reinar, que creará un nuevo universo, y será todo en todos.

Esta majestuosa revelación de Dios (Padre, Hijo y Espíritu Santo) que se desarrolla desde la creación hasta el fin de los tiempos, nos motiva a adorarle. Cuando vemos la grandeza de Dios, su gloria y su gracia, caemos rendidos ante él y le honramos con nuestros labios, corazones y vidas. Es imposible leer la Biblia con un corazón dispuesto y no adorar al Padre, pues la Palabra de Dios nos lleva a hacerlo.

Las promesas de salvación

Hemos visto previamente que el propósito principal de Dios al darnos la Biblia es «darte la sabiduría necesaria para la salvación mediante la fe en Jesús» (2Ti 3.15). La Biblia cuenta la historia de Jesús, el Antiguo Testamento apunta a él, los Evangelios describen su vida en la tierra y las epístolas cuentan la plenitud de su persona y obra. Además de ello, las Escrituras no solo nos presentan a Jesús como nuestro todopoderoso Salvador, sino que nos instan a acudir y confiar en él. Y nos promete que, si lo hacemos, recibiremos el perdón de nuestros pecados y el don liberador del Espíritu Santo. La Biblia está llena de promesas de salvación. La Palabra promete una vida nueva en la

> La Palabra promete una vida nueva en la nueva comunidad a aquellos que respondan al llamado de Jesucristo.

nueva comunidad a aquellos que respondan al llamado de Jesucristo. Jesús le dio a Pedro una promesa así en el episodio del lavamiento de pies cuando le dijo: «ustedes ya están limpios» (Jn 13.10). La mente de Pedro debió haber entendido aquella promesa y la creyó muchas veces. Incluso después de haber negado a Jesús, Pedro no fue rechazado. Claro que hubo necesidad de arrepentirse, ser perdonado y volver a ser comisionado, pero no necesitó otro baño, pues ya había sido limpiado. Las palabras de Jesús debieron haber tranquilizado su corazón y dado paz a su atormentada consciencia.

En el siglo xvii, un predicador inglés llamado John Bunyan, escribió una alegoría sobre la vida cristiana titulada «El progreso del peregrino», en la que describió los desafíos de dos viajeros, Cristiano y Esperanza. En un momento de la historia, ambos tropezaron en los terrenos del castillo de la Duda, propiedad del gigante Desesperación. Este los capturó, y entonces temían por sus vidas. Parecía no haber posibilidad de escape. Luego, al tercer día, alrededor de la media noche, «comenzaron a orar y continuaron hasta el amanecer». Poco antes de ello, Cristiano recordó que tenía una llave llamada Promesa «de la cual estoy seguro de que abrirá cualquier cerradura en este castillo». Con el ánimo de Esperanza, Cristiano probó la llave y «la puerta se abrió con facilidad». Con esa llave pudieron escapar por la puerta del calabozo, la puerta exterior y la puerta de hierro del castillo y el gigante no pudo detenerlos.

> **Cuando estemos confundidos, debemos aprender a confiar en la promesa de su consejo; cuando estemos con temor, en la promesa de su protección; y cuando estemos solos, en la promesa de su presencia.**

Ustedes también tienen una llave llamada Promesa ya que Dios les ha dado las Escrituras. ¿Ya la han usado ustedes para escapar del castillo de la Duda? Cuando Satanás acosa nuestra consciencia y trata de persuadirnos de creer que no hay perdón para pecadores como nosotros, solo la fe en las promesas de Dios hará que los arrepentidos logren librarse de su acoso. Cuando estemos confundidos, debemos aprender a confiar en la promesa de su consejo; cuando estemos con temor, en la promesa de su protección; y cuando estemos solos, en la promesa de su presencia. Las promesas de salvación que Dios nos da protegen nuestros corazones y pensamientos.

Pregunta para el corazón:

¿Con cuál de estos sentimientos (confusión, temor, soledad y consciencia culpable) luchas más?

Mi respuesta:

Lucho contra una consciencia culpable, por pensamientos y sentimientos que reconozco que son malos.

Tu respuesta:

En esta parte debemos mencionar el bautismo y la cena del Señor. Estos son símbolos visibles a los que se vinculan las promesas. Es obvio que el agua del bautismo y el pan y el vino de la comunión son símbolos externos y visibles. Sin embargo, de manera particular, estos son símbolos de la gracia, símbolos que visiblemente prometen limpieza, perdón y vida nueva de parte de Dios a quienes se arrepienten y creen en Jesús. Así que, animan y fortalecen nuestra fe.

Los mandamientos que debemos obedecer

Cuando Dios eligió a su pueblo, les dijo qué clase de personas quería que fueran. Debían ser personas especiales; Dios esperaba de ellos una conducta especial. Así que les dio los Diez Mandamientos como resumen de su voluntad, que Jesús resaltó en el Sermón del monte, y que revelaba sus inquietantes repercusiones. Dijo que la justicia de sus discípulos debía «superar» la justicia de los escribas y fariseos (Mt 5.20). Esta debía ser «superior» en el sentido de profundidad, de rectitud del corazón, que manifestase una obediencia interna, gozosa y radical.

Pregunta para las manos:

¿Qué tipo de conductas son necesarias para ser luz y sal de la tierra?

Mi respuesta:

Vivir en integridad y rectitud, y además tener relaciones familiares que se basen en el amor y respeto mutuo.

Tu respuesta:

____

____

____

Hoy en día, es particularmente importante enfatizar que Dios nos llama a ser moralmente obedientes, debido a que hay al menos dos grupos de personas que niegan este llamado. En primer lugar, hay quienes sostienen que el único mandamiento absoluto de Dios es el amor, que todas las demás leyes han sido abolidas, y que el amor es en sí mismo una guía suficiente respecto a la conducta cristiana. Dicen ellos que todo lo que exprese amor es bueno y que lo que no es compatible con el amor es malo. Ahora bien, ciertamente el verdadero amor (el sacrificio de uno mismo al servicio del prójimo) es la virtud más importante del creyente, y seguir sus requerimientos es extremadamente complicado. Sin embargo, el amor necesita dirección, y esto es lo que proveen los mandamientos de Dios. El amor no prescinde de la ley, sino que la cumple (Ro 13.8-10).

En segundo lugar, hay cristianos evangélicos que interpretan las afirmaciones de Pablo diciendo que «Cristo es el fin de la ley» (Ro 10.4) y que «ya no están bajo la ley sino bajo la gracia» (Ro 6.14) refiriéndose a que los cristianos ya no tienen la obligación de obedecer la ley moral de Dios. Dicen ellos que intentarlo es «legalismo» y que contradice la libertad que Cristo nos ha dado. Pero, malinterpretan a Pablo. Pablo rechazó el legalismo, pero no se refería a la obediencia a la ley de Dios, sino al intento de dicha obediencia por ganar el favor y el perdón de Dios. Escribió que esto es imposible porque «nadie será justificado en presencia de Dios por hacer las obras que exige la ley» (Ro 3.20).

Sin embargo, luego de que Dios nos justifica por su pura gracia (es decir, que por medio de Cristo y su gratuita e inmerecida gracia nos declara justos delante de él), tenemos la obligación de guardar su ley, y desear cumplirla. Es más, Cristo precisamente murió por nosotros «a fin de que las justas demandas de la ley se cumplieran en nosotros» (Ro 8.3-4), y Dios puso su Espíritu en nuestros corazones para escribir su ley en ellos (Jer 31.33; Ez 36.27; Gá 5.22-23). Por lo tanto, nuestra libertad cristiana es libertad para obedecer, no para hacer lo contrario. Tal como Jesús lo dijo múltiples veces, si lo amamos debemos obedecer sus mandamientos (Jn 14.15, 21-24, 15.14). Y es en las Escrituras donde encontramos los mandamientos de Dios.

> [...] nuestra libertad cristiana es libertad para obedecer, no para hacer lo contrario.

Así que Dios nos da en la Biblia:

- revelaciones de su persona que nos conducen a adorarle,
- promesas de salvación que incrementan nuestra fe,

- mandamientos que revelan su voluntad y que exigen nuestra obediencia.

Este es el concepto del discipulado cristiano. Sus tres ingredientes principales son la adoración, la fe y la obediencia. Y estos tres han sido inspirados por la Palabra de Dios. La *adoración* es respuesta a la auto revelación de la persona de Dios. Es una ferviente preocupación por la gloria de Dios. La *fe* es una confianza plena en las promesas de Dios. Nos libra de las fluctuantes experiencias religiosas, nos sentimos bien el domingo y mal el lunes. Nada puede librarte de aquello excepto las promesas de Dios, porque nuestras emocionas fluctúan, pero la Palabra de Dios permanece firme. La *obediencia* es un compromiso del corazón para cumplir la voluntad de Dios. Nos rescata del pantano del relativismo moral y ubica nuestros pies en la roca de los mandamientos absolutos de Dios.

Pregunta para la cabeza:

¿Cómo sería nuestra adoración, fe y obediencia a Dios si no contáramos con la Biblia?

Mi respuesta:

No sería posible. ¿A qué dios adoraríamos? ¿Qué tipo de fe podríamos tener sin conocerle por medio de su revelación? ¿Qué mandamientos obedeceríamos sin conocer su Palabra?

Tu respuesta:

Además, la adoración, la fe y la obediencia (los tres ingredientes del discipulado), son elementos que nos hacen pensar en los demás. En la adoración nos centramos en la gloria de Dios; en la fe, en sus promesas; en la obediencia, en sus mandamientos. El auténtico discipulado cristiano jamás se inclina hacia el mundo interior. La Biblia es un libro maravillosamente liberador, pues nos ayuda a dejar de pensar en nosotros mismos y nos enamora de Dios, de su gloria, de sus promesas y de su voluntad. Amar a Dios de esta manera (y amar al prójimo deseando su bien) es liberarse de las terribles cadenas de nuestro propio egocentrismo. El cristiano que está absorto en sí mismo se paraliza, y solo la Palabra de Dios puede liberarnos de aquella parálisis que proviene del ensimismamiento.

Conclusión

Cuando la Biblia ocupa un lugar importante en la vida del creyente, logra exhibir lo grave de la teología liberal. Pues esta teología hace que el discipulado cristiano sea prácticamente imposible al socavar la confianza pública en la fiabilidad de la Biblia. Permítanme explicarles. Todos los creyentes concuerdan en que el discipulado implica adoración, fe y obediencia. Tanto la adoración, la fe y la obediencia son partes esenciales de nuestra vida cristiana. No podemos vivir sin ellas si somos cristianos. Sin embargo, nada es posible sin una Biblia fiable.

¿Cómo podremos adorar a Dios si no sabemos quién es, cómo es o qué clase de adoración le agrada? Los cristianos no son atenienses que adoran a un Dios desconocido. Debemos conocer quién es Dios antes de adorarlo, y la Biblia es la que nos dice cómo es él.

Y nuevamente pregunto: ¿cómo podremos creer o confiar en Dios si no conocemos sus promesas? La fe no es sinónimo de superstición, ni es creer sin prueba alguna. La fe es tener una confianza razonable. Esta se basa en las promesas de Dios y en el carácter del Dios que las hizo. Sin promesas, nuestra fe se marchita y muere. Y las promesas de Dios se encuentran en la Biblia.

Pregunto de nuevo: ¿cómo podremos obedecer a Dios si no conocemos su voluntad ni sus mandamientos? La obediencia cristiana no es una obediencia a ciegas, sino una obediencia firme y del corazón. Porque Dios nos ha revelado sus mandamientos en la Biblia y nos ha mostrado que no son agobiantes.

Entonces, sin la revelación de Dios, la adoración es imposible; sin las promesas de Dios, la fe es imposible; sin los mandamientos de Dios, la obediencia es imposible. Por lo tanto, sin la Biblia el discipulado es imposible.

¿Hemos logrado comprender cuán bendecidos somos de tener una Biblia en nuestras manos? Por su misericordia, Dios nos ha provisto los medios para nuestro discipulado. Él mismo nos ha revelado su salvación y su voluntad. Nos ha permitido adorarle, tener fe en él y obedecerle, es decir, vivir en el mundo como hijos suyos. Así que, cada día debemos acercarnos a la Biblia con gran anticipación. El infortunio del estudio de la Biblia, cuando se convierte en una rutina anticuada y aburrida, se debe a que no nos acercamos a ella con gran anticipación. No nos acercamos a ella con la confianza en que Dios está dispuesto y deseoso de hablarnos por medio de su Palabra. Necesitamos acudir a la Biblia cada día con la petición de Samuel: «Habla, Señor, que tu siervo escucha». ¡Y así lo hará! En algunas ocasiones, por medio de su Palabra, Dios nos revelará quién es él; percibiremos parte de su gloria; nuestro corazón se conmoverá profundamente; y nos rendiremos a él y le adoraremos. En otras ocasiones, por medio de su Palabra, nos dará una promesa; nos aferraremos a ella, y diremos: «Señor, esta promesa es para mí, me aferraré a ella hasta que sea una realidad en mi vida». Y en otras, por medio

Entonces, sin la revelación de Dios, la adoración es imposible; sin las promesas de Dios, la fe es imposible; sin los mandamientos de Dios, la obediencia es imposible. Por lo tanto, sin la Biblia el discipulado es imposible.

de la Biblia, nos dará un mandamiento; veremos la necesidad de arrepentirnos por nuestra desobediencia; oraremos y nos propondremos obedecerla en los años venideros, por la gracia del Señor.

> Necesitamos acudir a la Biblia cada día con la petición de Samuel: «Habla, Señor, que tu siervo escucha». ¡Y así lo hará!

Estas revelaciones, promesas y mandamientos los guardaremos en nuestras mentes hasta que nuestra memoria como creyentes se convierta en un armario bien surtido. Y, cuando estemos en momentos de necesidad, podremos sacar de los estantes las verdades, promesas o mandamientos adecuados para la situación en la que nos encontremos. Sin esto, nos condenamos a no llegar nunca a la madurez. Solo si meditamos en la Palabra de Dios, escuchamos a Dios, escuchamos su voz, y respondemos en adoración, fe y obediencia, lograremos madurar como cristianos.

Apuntes del predicador

1. Recordando que este como los demás capítulos del libro, en realidad fueron sermones que John Stott predicó en la iglesia de la que fue pastor por muchos años, ¿podrías escribir el esqueleto o bosquejo de este sermón?

   Título:

   ____

   Textos bíblicos:

   ____

   Introducción:

   ____

   ____

   ____

   ____

   Puntos principales:

   ____

   ____

   ____

   ____

   Puntos secundarios:

   ____

   ____

   ____

   ____

Conclusión:

____

____

____

____

2. ¿Cuál dirías que es la esencia o idea central de este mensaje?

____

____

____

____

3. Una vez que escribas tus respuestas a las dos preguntas anteriores, compáralas con las siguientes. ¿Qué has aprendido?

Posible bosquejo del sermón

Título: El cristiano y la Biblia

Texto Bíblico: Juan 13:1-17 es el texto del sermón. Al lavarles los pies, Jesús les enseñaba ciertas verdades y lecciones que quería que los discípulos aprendiesen. ¿Cuáles fueron esas tres lecciones?

Introducción: El crecimiento hacia la madurez en Cristo depende de nuestra familiaridad con la Biblia y que recibamos con fe su contenido. ¿Cómo y por qué la Biblia nos permite crecer?

Puntos principales:

1. Jesús les enseñaba respecto a sí mismo. Les daba a conocer respecto a sí mismo, quién era, de dónde venía y adónde iba.

2. Jesús les enseñaba respecto a su salvación. Cuando acudimos a él por primera vez, arrepentidos y con fe, recibimos un baño y lavamiento total.

3. Jesús les enseñaba respecto a su voluntad. Nuestro Señor se humilló a sí mismo para servir, y su voluntad es que hagamos lo mismo que él hizo. Jesús nos enseñó tres lecciones que requieren tres respuestas:

   a. Revelaciones de Dios que exigen que lo adoremos,

   b. Promesas de salvación que exigen que tengamos fe en él,

   c. Mandamientos sobre nuestro deber que exigen que lo obedezcamos.

   El concepto del discipulado cristiano se relaciona con estas tres respuestas: la adoración, la fe y la obediencia. Y estos tres encuentran inspiración en la Palabra de Dios.

   Conclusión: Sin la revelación de Dios, la adoración es imposible; sin las promesas de Dios, la fe es imposible; sin los mandamientos de Dios, la obediencia es imposible. Por lo tanto, sin la Biblia el discipulado es imposible.

   La esencia o idea central del sermón sería: El crecimiento como discípulos de Cristo está íntimamente ligado a nuestro estudio, fe y obediencia a la Biblia.

4. ¿Cuáles nuevas ideas y planes surgen en ti para aplicarlas en tu predicación a partir de la lectura de este y los anteriores capítulos?

   ____

   ____

   ____

   ____

   ____

   ____

5. ¿En cuáles áreas te gustaría crecer como expositor de la Palabra de Dios?

____

____

____

____

____

____

____

Epílogo

En este breve libro me propuse analizar tanto el «ayer» de la Biblia (de dónde vino) como el «hoy» de la Biblia (lo que significa para nosotros). He intentado desarrollar una sencilla doctrina trinitaria de las Escrituras como un mensaje que:

- viene de parte de Dios (la habló y la habla)
- se centra en Cristo (quien da testimonio de la Biblia como testigo suyo),
- y fue elaborado por el Espíritu Santo por medio de autores humanos (para que sus palabras y las de ellos coincidieran).

Hoy en día, la utilidad práctica de la Biblia, tanto para la iglesia como para cada cristiano, depende de nuestra aceptación de su origen y su propósito divino. El propio Pablo juntó estas cosas cuando describió toda la Escritura como «inspirada por Dios» y «útil» (2Ti 3.16-17). La Palabra es útil para nosotros «para enseñar, para reprender, para corregir, y para instruir en la justicia», precisamente porque fue inspirada de la misma boca de Dios. De manera que nuestra visión

[...] anhelo ver que la Palabra de Dios recupere su lugar en los corazones y hogares cristianos, y que sea exaltada en los púlpitos de todo el mundo.

Los beneficios prácticos de las Escrituras, para la iglesia y el cristiano en el hogar y en el mundo, no deberían ser nuestra principal razón para desear que se recupere el gran hábito de leer la Palabra, sino más bien la gloria de Dios.

de la Biblia y nuestro uso de ella van juntos. Lo que pensemos de la Palabra importa.

Estoy profundamente consternado por la actitud que algunos han tomado hacia la Biblia, y por ello anhelo ver que la Palabra de Dios recupere su lugar en los corazones y hogares cristianos, y que sea exaltada en los púlpitos de todo el mundo. Solo entonces, la iglesia podrá volver a escuchar la Palabra de Dios y obedecerla. Solo entonces el pueblo de Dios aprenderá a unir su fe a su vida, cuando aplique la enseñanza de las Escrituras a sus normales morales, sus estilos de vida económicos, sus matrimonios y familias, sus ocupaciones y aspectos sociales. Solo cuando eso suceda los creyentes podrán esperar ser la sal de la tierra y la luz del mundo, tal como Jesús dijo que debían ser, e influir en la cultura de su país, sus instituciones y leyes, sus valores e ideales.

Los beneficios prácticos de las Escrituras, para la iglesia y el cristiano en el hogar y en el mundo, no deberían ser nuestra principal razón para desear que se recupere el gran

[...] solo si nuestra mente se empapa de su Palabra, nuestra mente podrá ser conforme a la suya.

hábito de leer la Palabra, sino más bien la gloria de Dios. Si decimos que la Biblia es «la Palabra de Dios» (aunque se dio por medio de palabras de hombres), evidentemente al rechazar la Palabra rechazamos a *Dios*, mientras que, si la escuchamos, lo escuchamos a él. La razón principal por la que deberían «dejar que habite en ustedes la Palabra de Cristo con toda su riqueza» (Col 3.16) no deben ser las riquezas que promete, sino el deseo de honrar y glorificar a Dios. Él desea que tengamos una mente y una vida cristianas. Pero para tener una mente cristiana debemos tener *su* mente, «la mente de Cristo» (cf. 1Co 2.16; Fil 2.5). Y solo si nuestra mente se empapa de su Palabra, nuestra mente podrá ser conforme a la suya. Por esa razón, necesitamos la *Palabra de Dios para el mundo de hoy*.

De camino
con John Stott

Un pastor anglicano muere a los 90 años en Inglaterra, y alrededor del mundo miles de personas de todas las denominaciones cristianas, responden ante la noticia con dolor y gratitud a Dios por su vida. El miércoles 27 de julio de 2011 por la tarde, John Stott pasó a la presencia de Dios en St. Barnabas, la residencia de pastores anglicanos jubilados donde vivía. La noticia de su viaje a la casa del Padre ha tenido repercusión mundial. Porque por todo el mundo hay personas cuyas vidas fueron enriquecidas y bendecidas por el ministerio de predicación, docencia y literatura de este infatigable siervo de Dios. En abril del 2005, el conocido semanario estadounidense *Time* incluyó a Stott entre las cien personas más influyentes del mundo. Como un pequeño homenaje me limito ahora a recordar algunos momentos de una larga amistad con la que John Stott me honró, esperando que mis lectores lleguen también a apreciarlo.

Hago memoria de mi primer contacto con Stott y recuerdo que fue su libro *Cristianismo Básico* que acababa de aparecer en inglés, y que mi mentor y amigo Roberto Young me regaló en marzo de 1959. El libro me cautivó, y recuerdo todavía que viajábamos por tierra de Quito en Ecuador a Ipiales en Colombia, en una carretera no pavimentada. A pesar de los continuos saltos del bus no pude dejar de leer. La claridad, convicción y calidez del estilo no me dejaban soltar el libro.

Poco más adelante, en agosto de ese mismo año, lo conocí personalmente. Estábamos con René Padilla y otros asesores de la Comunidad Internacional de Estudiantes Evangélicos (CIEE-GBU)[2], tomando un curso en Inglaterra. John Stott fue nuestro guía en la visita a la Universidad de Cambridge y lo escuchamos predicar durante el curso. Su figura elegante, su amabilidad, su profunda convicción evangélica, y su piedad sin afectación dejaron en nosotros una impresión profunda y duradera. Como buen bautista peruano en ese entonces yo no entendía la liturgia clásica. Cuando en Domingo visitamos la Iglesia Anglicana de All Souls, en el centro de Londres, que Stott pastoreaba, y vi las vestiduras de los oficiantes y luego las puestas de pie o de rodillas de la congregación, de tanto en tanto, me sentí algo sospechoso e inquieto. Me ha llevado un tiempo entender la riqueza y variedad de la liturgia cristiana universal que aprecio hoy de manera especial. El sermón de Stott fue una exposición clara, bella y aplicable del pasaje bíblico que se leyó. De allí en adelante traté de leer cuanto llegaba a mis manos de su pluma.

Mientras estudiaba para mi doctorado en la Universidad Complutense de Madrid, fui invitado al Congreso Mundial de Evangelización en Berlín, en noviembre de 1966. Allí volví a ver a Stott. Para mi sorpresa, me saludó por mi nombre y con la mayor naturalidad me dijo que oraba regularmente por quienes trabajábamos con universitarios en la Comunidad Internacional de Estudiantes en América Latina, y que seguía con regularidad las noticias de nuestros esfuerzos. En el Congreso de Berlín su exposición de la Gran Comisión en el Evangelio de Juan fue muy impactante para mí. Jesús no sólo *nos comisiona* sino también *nos da un modelo:* «Como me envió el Padre así también yo os envío». Desarrolló entonces una temática que habíamos estado trabajando en América Latina con René Padilla, en el esfuerzo por ofrecer bases

---

2 En adelante nos referiremos a este organismo como «la Comunidad».

bíblicas para una misión integral. José Grau publicó en 1969 las exposiciones de Stott con el título de La *evangelización y la Biblia.*[3]

Nos vimos más adelante y tuve oportunidad de conversar mucho con él en la convención misionera de universitarios celebrada en Urbana, Estados Unidos, en diciembre de 1970. Ese año la conferencia tuvo que confrontar el inquieto activismo social de los estudiantes agitado en parte por el espíritu de Mayo 68 y por el testimonio del evangelista afroamericano Tom Skinner. Algunos de los organizadores del evento que congregaba a más de 8,000 estudiantes se sentían nerviosos. Stott en cambio permaneció firme en su postura teológica evangélica pero abierto a la creciente conciencia social que se estaba dando entre evangélicos de todo el mundo en el proceso que se había iniciado con el Congreso de Berlín.

Tres años más tarde volví a encontrarme con él en la misma convención misionera. Para entonces mi familia y yo habíamos ido a vivir en Toronto, Canadá, donde fui director del movimiento estudiantil evangélico Inter Varsity (1972-1975). Stott vino como orador a algunos eventos y recuerdo que cuando mi esposa Lilly lo conoció y compartió de su amabilidad me comentó: «Este hombre es un santo». Para entonces él esperaba con expectativa lo que había de ser su primera gira latinoamericana.

En enero de 1974 Stott y René Padilla realizaron institutos pastorales en México, Perú, Chile y Argentina. Era la primera visita de Stott a América Latina por cuenta de los grupos universitarios evangélicos y la Fraternidad Teológica Latinoamericana (FTL). Para entonces disponíamos en castellano de sus libros *Cristianismo básico, Creer es también*

---

[3] John Stott – José Grau, *La evangelización y la Biblia*, Ediciones Evangélicas Europeas, Barcelona, 2da. Ed. 1973. Esta edición incluye varios trabajos de José Grau sobre evangelización en la actualidad.

pensar, y *Hombres nuevos.* En mis conversaciones con Stott pude notar la huella profunda que sus viajes por Asia, África y América Latina iba dejando en su memoria, enriqueciendo su experiencia. Tenía ya una perspectiva global más avanzada que la del típico clérigo británico.

El Congreso de Evangelización de Lausana en 1974 fue una prueba de fuego para la postura de Stott y del grupo de evangelistas, misioneros y pensadores que habían venido forjando una visión de la misión integral. Los organizadores querían que un documento resumiese el proceso de exposición bíblica y reflexión teológica de aquel memorable evento. Tendría la forma de un compromiso colectivo: un *Pacto.* Fui invitado a ser miembro del Comité de redacción del Pacto junto con Hudson Armerding de Canadá, y Jim Douglas de Gran Bretaña. Lo presidía Stott. Recuerdo las noches memorables trabajando hasta la madrugada en la redacción del *Pacto de Lausana* leyendo centenares de propuestas de inclusiones o exclusiones del texto. La labor de Stott fue única y valiosa: su dominio del idioma inglés, la claridad de su pensamiento y su capacidad para integrar posiciones aparentemente adversas fueron decisivas en aquella difícil empresa, además trabajando con tremendas restricciones de tiempo.

Stott fue persona clave en las conferencias y consultas que siguieron a Lausana especialmente Willowbank, Barbados sobre «Evangelio y Cultura» (1978) y Grand Rapids, Estados Unidos (1982) sobre «Evangelización y Responsabilidad Social de la Iglesia». La calidad de los documentos finales de estas conferencias debe mucho a la capacidad editorial de Stott. Pero no sólo a eso sino a su irenismo, su capacidad de escuchar respetuosamente a cuantos fuese posible, y tratar de buscar suficientes puntos comunes como para lograr un acuerdo. Algo nada fácil en reuniones internacionales e interdenominacionales.

En junio-julio de 1977 la FTL auspició una nueva serie de institutos pastorales con John Stott y René Padilla en México,

Guatemala, Ecuador y Argentina. Yo estaba entonces en Argentina, de regreso de Canadá, y aunque por motivos de salud no pude asistir al instituto, al terminar éste, Stott vino a pasar un par de días en nuestra casa en la ciudad de Córdoba. Mi esposa Lilly se sintió muchas veces feliz y halagada por la sincera gratitud que él siempre expresó por la hospitalidad que ella le había ofrecido.

En 1980 Stott fue invitado al Brasil y coincidimos en un curso de líderes en Recife. Allí sucedió algo inesperado. Durante una de sus exposiciones Stott mencionó con simpatía al obispo católico romano Helder Cámara, cuya figura había alcanzado fama en todo el mundo cristiano. En ese momento y como reacción a la creciente conciencia social de sectores avanzados del catolicismo, los evangélicos en Brasil habían aumentado su tradicional oposición a cuánto viniese de fuente católica romana. Varios de los pastores presentes expresaron su desacuerdo con la simpatía por Helder Cámara que Stott había insinuado.

En 1983 se realizó la Asamblea Mundial de la Comunidad en Inglaterra. Después de ese evento Stott me invitó a presentar unas exposiciones en el «Instituto para el Cristianismo Contemporáneo» que él había fundado en Londres. En aquella oportunidad fuimos huéspedes de Stott en su apartamento en Londres y él tuvo la amabilidad de invitarnos a Lilly y a mí a un picnic en Hyde Park. Fue inolvidable el exquisito cuidado con que nos atendió. Tomamos un té inglés completo que Stott había traído en una hermosa cesta. Él extendió el mantel sobre el césped y fue sacando las tazas, los platos, el té, los sándwiches y los pasteles. Aquel té tuvo la riqueza, belleza y dignidad que tenían sus exposiciones bíblicas. Y luego como fin de fiesta nos llevó a un concierto en el famoso teatro Albert Hall.

En enero de 1985 Stott pasó un mes con el equipo de la Comunidad en América Latina, y unos cincuenta líderes estudiantiles evangélicos en Quito, en nuestro Seminario

Continental. Su tema sobre hermenéutica y cultura fue muy bien recibido y dio lugar a un diálogo intenso. En esa oportunidad yo dejaba la Secretaría General de los GBU en América Latina que fue asumida por el economista brasileño Dieter Brepohl. Yo había sido invitado a enseñar en el Seminario Bautista del Este en Filadelfia, Estados Unidos. Fue valioso tener a Stott con nosotros en ese momento de transición. Desde entonces nos vimos muchas veces más en diferentes eventos y en diversas partes del mundo. Siempre me impresionó cómo este Capellán de la Reina de Inglaterra se había convertido en un ciudadano global con una sensibilidad especial para comprender la variedad de expresiones del Evangelio en las más diversas culturas.

Una de las cosas que más admiré en Stott fue su convicción evangélica fundamental en la que no hacía concesiones, unida a su apertura a dialogar con todas las posturas teológicas y a escuchar a todos con respeto y consideración: lo que yo llamaría un evangelicalismo abierto. Llegado el momento, sin embargo, él decidía cuándo le tocaba seguir su propio curso evangélico. También admiré la seriedad con que tomó su tarea de escritor, una vocación cultivada con esmero. Me decía: «Samuel, así como anotas en tu agenda entrevistas con algunas personas o compromisos para predicar, tienes que anotar tiempos específicos para escribir y no dejar que nada los desplace o postergue». Fue por su estímulo e insistencia que aparté tiempo para escribir mi libro *Cómo comprender la misión*. Todas las entradas que él recibía como derechos de autor por sus libros, que se vendían y se siguen vendiendo mucho y en varios idiomas, los destinó a fondos de la Fundación Langham que creó para estimular a escritores y capacitar a predicadores en Asia, África y América Latina. Stott vivía con la mayor sencillez: había adoptado la pobreza en forma voluntaria.

La última vez que estuvimos juntos fue en Lima, Perú, en el año 2001. Vino con su sucesor Chris Wright a un seminario-taller para pastores sobre predicación. Se lo veía algo frágil, y por momentos necesitaba ayuda para caminar. Pero cuando llegaba al púlpito era otra vez Stott en lo mejor de su estilo: claro, contundente, pastoral con un tono de voz en el que había al mismo tiempo autoridad y afecto. Un día que paseábamos en Lima, tuvimos que esperar para cruzar una calle de dos carriles de autos. No había semáforo y la fila parecía interminable. Chris estaba a la derecha de Stott y yo a su izquierda. De pronto se abrió un pequeño claro en el flujo de autos y Stott saltó y en dos grandes trancos cruzó la calle. Cuando Chris y yo sorprendidos, alcanzamos a cruzar, Stott con una sonrisita pícara nos dijo: «No se olviden que yo vivo en Londres y allí en la calle sólo hay dos tipos de personas; los veloces y los muertos».[4]

La herencia literaria de Stott

Stott ha partido, pero deja una herencia literaria sorprendente, caracterizada por la claridad, la precisión de los datos bíblicos, la solidez de la teología y la aplicabilidad de las ideas a la vida diaria. De los 53 libros que publicó en inglés, 24 se han traducido al castellano, aunque no todos están disponibles. Presento brevemente el pensamiento de Stott mencionando libros que en este momento están disponibles en lengua castellana.

El diálogo sobre la misión

Entre 1977 y 1984 se llevó a cabo un diálogo entre teólogos y biblistas católicorromanos y evangélicos sobre el tema de la misión cristiana. El valioso e interesante resumen de ese diálogo apareció como libro editado por Basil Meking, teólogo Católico y John Stott, con el título *Diálogo sobre la*

---

[4] Usó la expresión en inglés «the quick and the dead» parafraseada del Credo Apostólico.

misión. El diálogo se denominó ERCDOM (Evangelical/Roman Catholic Dialogue on Mission), y se realizó en el curso de tres encuentros Participaron en este largo proceso de diálogo 21 teólogos, biblistas y misioneros católicorromanos y 11 teólogos, biblistas y misioneros evangélicos de diferentes partes del mundo en tres encuentros en Venecia (1977), Cambridge (1982) y Landévenne, Francia (1984).

No siempre los evangélicos reconocemos que hay dentro de la Iglesia Católica personas con un espíritu evangélico en su práctica y su reflexión misionera. Este libro tiene siete capítulos y muestra coincidencias entre unos y otros, pero también expone con claridad las diferencias. Dice en su Introducción: «Dentro de sus limitaciones nuestro informe describe varias áreas en las cuales evangélicos y católicorromanos tienen posiciones en común, las mismas que podemos ver con mayor claridad cuando superamos los estereotipos y los prejuicios mutuos. Además, pone sobre el tapete cuestiones difíciles respecto a las cuales evangélicos y católicorromanos difieren y respecto a las cuales en los últimos siete años los que participamos en el diálogo aprendimos a hablar y escucharnos mutuamente».[5]

La fe Cristocéntrica de John Stott

Su autorretrato teológico y vital sería *Por qué soy cristiano* un testimonio cálido, inteligente y convincente de su fe, quizás la mejor introducción para comprender las convicciones básicas que han guiado su vida. La forma en que articula su fe para comunicarla se puede apreciar en *Cristianismo Básico* donde expone lo que significa creer en Cristo y articula las bases bíblicas y racionales de una postura cristiana en el mundo actual. Lo complementa *Sobre la roca* en el que trata de cómo crecer en la vida cristiana.

---

[5] Basil Meeking y John Stott, *Diálogo sobre la misión*, (Buenos Aires, Nueva Creación, 1988) p.11.

Todos los libros de Stott son cristocéntricos pero algunos de manera especial por su énfasis e intención, por ejemplo, *La Cruz de Cristo*, uno de los libros que el autor más quería y que demuestra que la cruz es central para comprender de veras a Jesús. Teología profunda pero no difícil de entender. Uno más reciente es *Cristo, el incomparable* en el cual Stott expone la manera en que se ha aclarado y enriquecido en los estudios más recientes, alrededor del mundo la comprensión de la persona y obra de Cristo. Explora también el impacto de Jesús a lo largo de los siglos.

El fundamento bíblico de su teología

Stott se confesaba «evangélico» en el sentido de alguien que une a su fe en Cristo la convicción de la necesidad de una conversión personal, de sometimiento a la autoridad de la Palabra de Dios, de militancia en una iglesia local, y de obediencia al mandato misionero de Jesucristo. Su libro *Cómo comprender la Biblia* es una muestra práctica de su convicción sobre cómo entender la fuente principal por la cual el Espíritu de Dios va dando forma a nuestra fe. Por otra parte, como le tocó presentar su fe en círculos muy variados, católicos, ecuménicos, ultraconservadores, mantuvo un evangelicalismo abierto y dialógico, aunque firme en lo fundamental. Jesús fue en eso su ejemplo y lo demuestra en su libro *Las controversias de Jesús*. Para Stott en el mundo actual, que en Occidente se ha ido alejando de sus raíces judeo-cristianas, el ser cristiano requiere hoy en día estar dispuesto a ir contra la corriente, a cultivar lo que llama una «contracultura cristiana». Esto lo expone de manera magistral en su exposición de *El sermón del monte*.

La riqueza y belleza de la exposición bíblica

Fue la parte de su ministerio docente que más personas han apreciado por todo el mundo. Stott inició y sirvió como editor de una serie de libros dedicados a la exposición bíblica en el contexto contemporáneo: «La Biblia habla hoy». Él mismo escribió varias de estas exposiciones incluyendo *El mensaje de Efesios*, *El mensaje de Romanos* y *El mensaje de Hechos*. Son el tipo de libro escrito especialmente para servir como ayuda a maestros o maestras de Escuela Dominical, y a predicadores que buscan formarse. En 1999 y a pedido de Angelit Guzmán, obrera entonces de la Comunidad, Stott accedió a la invitación a escribir algo breve y autobiográfico sobre el tema *Así leo la Biblia*, libro que apareció junto a trabajos del predicador ecuatoriano Jorge Atiencia y de este servidor. Casi todos los libros que aquí se mencionan se pueden conseguir en las librerías del consorcio de Certeza Unida que incluye a *Certeza Argentina* de Buenos Aires, *Ediciones Puma* de Lima y *Publicaciones Andamio* de Barcelona, España.

Samuel Escobar

Lecturas adicionales

- John Stott (2005). *Cómo comprender la Biblia*. Certeza Unida.
- J. I. Packer (2008). *La voz del Dios Santo*. Editorial Vida.
- Bruce Milne (2008). *Conocerán la verdad: un manual para la fe cristiana*. Lima: Ediciones Puma. *Parte 1*.
- Christopher Wright (2016). *Cómo predicar desde el Antiguo Testamento*. Ediciones Puma
- Mark Meynell (2019). Cómo leer y predicar el Nuevo Testamento. Ediciones Puma
- Gordon D. Fee y Douglas Stuart (2005). *Cómo leer la Biblia libro por libro*. Editorial Unilit.
- Helge Stadelmann y Thomas Tichter (2020). *Diez pasos prácticos para interpretar la Biblia*. Ediciones Puma.
- Douglas Stuart y Gordon D. Fee (2007). *Lectura eficaz de la Biblia: guía para la comprensión de la Biblia*. Editorial Vida

Sociedad Langham

La Sociedad Langham es una comunidad mundial que trabaja con el ánimo de cumplir la visión que Dios le encomendó a su fundador, John Stott, consistente en:

facilitar el crecimiento de la iglesia en madurez y en semejanza a Cristo elevando los niveles de predicación y enseñanza bíblicas.

Nuestra visión es ver que las iglesias en el mundo mayoritario estén equipadas para la misión y creciendo hacia la madurez en Cristo a través del ministerio de sus pastores y líderes, quienes creen, enseñan y viven por la Palabra de Dios.

Nuestra misión es fortalecer el ministerio de la Palabra de Dios:

- fortaleciendo movimientos nacionales de predicación bíblica;
- favoreciendo la creación y distribución de literatura evangélica; y
- elevando el nivel de la educación teológica evangélica, especialmente en países donde las iglesias carecen de recursos.

Nuestro ministerio

Langham Predicación se asocia con líderes nacionales que estimulan movimientos locales de predicación bíblica para pastores y predicadores laicos en el mundo entero. Con el apoyo de un equipo de capacitadores provenientes de diversos países, se desarrolla un programa de seminarios a diversos niveles que proveen capacitación práctica, al cual le sigue un programa que busca formar facilitadores locales. Los grupos locales de predicación (escuelas de expositores) y las redes nacionales y regionales se encargan de dar continuidad a los programas e impulsar su desarrollo ulterior con el fin de construir un movimiento vigoroso comprometido con la exposición bíblica.

Langham Literatura provee a los pastores, seminarios y académicos del mundo mayoritario libros evangélicos y recursos electrónicos mediante becas, descuentos y mecanismos de distribución. El programa también auspicia la producción de literatura evangélica para pastores en diversos idiomas a través de talleres para escritores y editores, respaldo a la tarea literaria, traducciones, fortalecimiento de casas editoriales evangélicas e inversiones en proyectos regionales de literatura, tales como el *Comentario Bíblico Contemporaneo*.

Langham Becas provee apoyo financiero para estudiantes evangélicos a nivel doctoral provenientes del mundo mayoritario, de tal manera que, una vez que regresen a sus países, puedan capacitar a pastores y otros líderes cristianos brindándoles una sólida formación bíblica y teológica. Éste es un programa que equipa a quienes van a equipar a otros. *Langham Becas* trabaja igualmente con seminarios del mundo mayoritario fortaleciendo su educación teológica. Un número creciente de académicos de *Langham Becas* estudia en programas doctorales de alta calidad en reconocidos centros del mundo mayoritario. Además de formar la siguiente generación de pastores, los graduados de *Langham Becas* ejercen una influencia significativa a través de sus escritos y liderazgos.

Para obtener más información sobre la *Sociedad Langham* y el trabajo que desarrollamos visítenos en www.langham.org.

Libros de John Stott
disponibles en español
publicados por Certeza Unida

Comentarios

- El mensaje de Gálatas
- El mensaje de Hechos
- El mensaje de Romanos
- El mensaje de Efesios
- El mensaje de las Cartas de Juan
- El mensaje de la segunda carta a Timoteo
- El sermón del monte

Discipulado

- El discípulo radical
- Cristianismo básico
- Sobre la roca
- Identidad evangélica
- La cruz de Cristo
- Cómo comprender la Biblia

www.ingramcontent.com/pod-product-compliance
Lightning Source LLC
LaVergne TN
LVHW010540200726
843506LV00013B/2896